E-Book inside

Mit dem Kauf dieses Buchs erhalten Sie das zugehörige E-Book gratis. Sie können dabei aus drei Dateiformaten wählen: EPUB (gängiges Format für E-Reader und Tablets), PDF (für PC und Laptop) oder MOBI (für den Amazon Kindle). So kommen Sie an Ihr kostenloses E-Book:

Rufen Sie im Internet diese Website auf:
↗ http://www.junfermann.de/ebook-inside

Geben Sie den unten stehenden Code in das dafür vorgesehene Feld ein und klicken Sie → Code einlösen. Nach Eingabe Ihrer E-Mail-Adresse und Auswahl des E-Book-Formats erhalten Sie sofort einen Download-Link für das gewünschte E-Book an Ihre E-Mail-Adresse.

Bitte beachten Sie, dass der Code für Sie personalisiert wird und nur einmal gültig ist. Die Datei müssen Sie zunächst auf Ihrem Computer speichern, bevor Sie sie auf ein mobiles Endgerät überspielen können.

W0408023

Y1FA4SF7

Erica Binder

Was für mich zählt

Lebensorientierung durch Werte

www.junfermann.de
blogweise.junfermann.de
www.facebook.com/junfermann
twitter.com/junfermann
www.youtube.com/user/Junfermann
www.instagram.com/junfermannverlag

ERICA BINDER

WAS FÜR MICH ZÄHLT

LEBENSORIENTIERUNG DURCH WERTE

Junfermann Verlag
Paderborn
2020

Coverfoto © daliu – stock.adobe.com

Illustrationen und Icons Esther Killias, www.estherkillias.ch

Covergestaltung / Reihenentwurf JUNFERMANN Druck & Service GmbH & Co. KG, Paderborn

Satz & Layout JUNFERMANN Druck & Service GmbH & Co. KG, Paderborn

Bibliografische Information der Deutschen Nationalbibliothek Die Deutsche Nationalbibliothek verzeichnet diese Publikation in der Deutschen Nationalbibliografie; detaillierte bibliografische Daten sind im Internet über http://dnb.d-nb.de abrufbar.

ISBN 978-3-95571-952-4
Dieses Buch erscheint parallel als E-Book.
ISBN 978-3-7495-0078-9 (EPUB), 978-3-7495-0080-2 (PDF), 978-3-7495-0079-6 (MOBI).

Inhalt

Vorwort

Warum dieses Buch?

O tempora, o mores (lat. „Welche Zeiten, welche Sitten“)! – Dieser Seufzer Ciceros drängt sich mir in letzter Zeit vermehrt auf: hier Wutbürger, da Terror, überall mehr Fakes statt Facts, narzisstische und korrupte Staatsmänner ... und dann noch die Wahl des US-Präsidenten Trump im Jahr 2016. Und im ganzen Chaos ertönt immer wieder der Ruf nach Werten. Werte sind in aller Munde, doch die wenigsten Menschen sind sich ihrer eigenen Werte bewusst – und leben diese auch. Werte ja – aber welche? In unserer Multioptionsgesellschaft ist (fast) alles möglich. Was aber ist wirklich *wert*voll?

Dieses Selbstcoaching-Buch richtet sich an Menschen, die ihr Leben bewusst gestalten wollen, an Menschen, denen Selbstwert und Selbstverwirklichung wichtig sind. Werte sind unser persönlicher innerer Schatz, die Quelle unseres Glücks und Leuchttürme im Strudel der Zeit. Da sie Teil der Identität sind, bringt eine Beschäftigung mit ihnen Intensität, Sinn und Bewusstsein ins Leben. Das vorliegende Buch möchte Ihnen Impulse geben zum Auffinden Ihres persönlichen inneren Werteschatzes, für das Bestimmen Ihrer (neuen) Werte und deren Umsetzung im Alltag. Es eignet sich als Orientierungshilfe in verschiedenen Lebensphasen und Lebenslagen – seien dies Neuorientierungs- oder Krisenphasen oder die kleinen Momente im Alltag, in denen Sie sich fragen: „Ist das noch in meinem Sinn? Was will ich eigentlich, was ist für mich persönlich wertvoll?“

Ein wertebewusstes Handeln schafft neue Perspektiven für sich und das Leben, das man führt, und bietet dadurch vielfältige Gestaltungsoptionen.

Was für mich zählt: Lebensorientierung durch Werte

Sie finden im vorliegenden Buch weder ein fix und fertiges Sorglos-Einsteiger-Kit für Werte noch Ratschläge nach dem Motto „Machen Sie X, dann erreichen Sie garantiert Y!“. Es handelt sich um ein Selbstcoachingbuch: Es fordert durch Reflexionsfragen zum Selberdenken, Selberentscheiden und Selberwerten auf. Dieses Buch ist ein Impulsgeber für Menschen, die ihr Leben autonom steuern, sich (rücksichtsvoll) entfalten und mehr Zufriedenheit und Erfüllung erleben möchten.

Während der Arbeit an diesem Buch und meiner eigenen Auseinandersetzung mit Werten erlebte ich eine erfreuliche „Nebenwirkung“: Meine pessimistische Sicht auf die Welt, bedingt durch die schwelenden sozialen und politischen Konflikte sowie die aktuelle Wertekrise, hellte sich durch die Fokussierung auf Werte zusehends auf.

Ich wünsche Ihnen, liebe Leserin und lieber Leser, ebenfalls eine solch positive Erfahrung – nebst vielen wertvollen Erkenntnissen und der Lust zu einem ebensolchen Leben.

Was Sie im Buch erwartet

„Wozu braucht es Werte?“ (Kapitel 1) klärt die Frage, was Werte eigentlich sind, was sie ausmacht und wozu man sie braucht. Persönliche Werte und Werte in sozialen Gruppen werden kurz beleuchtet. Sie müssen Werte nicht krampfhaft suchen, Sie sind quasi umgeben von ihnen – wie in einem Werte-Dschungel.

„Mein Werte-Navi“ (Kapitel 2) entführt Sie auf eine virtuelle Reise zurück zu den Tagen Ihrer Kindheit, als Sie noch durch das „Kinder-Werte-Navi“ Orientierung fanden. Auf dieser Reise begegnen Ihnen viele Werteperlen sowie Werte, die Sie bereits überarbeitet oder überwunden haben. Auch werfen Sie einen Blick auf die Folgen dieses Kinder-Werte-Navis.

„Selbstbestimmt statt fremdbestimmt“ (Kapitel 3) macht deutlich: Als Erwachsener brauchen Sie kein Kinder-Navi mehr, sondern bestimmen Ihre Werte selbst. Und die Folgen des Kinder-Navis? – Vielleicht braucht Ihr Selbstwertgefühl etwas Pflege.

Gilt freier Wille – freie Wertewahl? Immer mal wieder wird es nötig, Inventur zu machen und zu erkennen, welche Werte für Sie heute wichtig sind. Als Klärungshilfe dienen Ihnen das WERTE-Interaktionsmodell und der WERTE-Schieberegler.

„Meine Werte wählen – und leben“ (Kapitel 4): Nun gilt es, Farbe zu bekennen. Im Werte-Check 1 bestimmen Sie Ihre aktuellen Werte. Unterstützung erhalten Sie durch verschiedene Wertelisten. Aber es reicht nicht, nur schöne Werte zu *haben*, diese sollen auch *gelebt* werden. Im Werte-Check 2 erkennen Sie Ihre gelebten und nicht gelebten Werte. Für bewusst gewählte Werte, die schwierig umzusetzen sind, finden Sie in diesem Kapitel einige Tipps. Ein Beispiel zeigt, wie Werte im ganz gewöhnlichen Alltag „automatisch“ gelebt werden können.

„Blockierte Werte und die Konsequenzen“ (Kapitel 5): Blockierte Werte haben weitreichende negative Konsequenzen. Die schmerzhaftesten sind wohl diejenigen, die den Selbstwert ramponieren. Es handelt sich einerseits um Blockaden, die selbst verursacht sind, andererseits um Blockaden, die durch soziale Interaktion entstehen, sei dies im Kontakt mit einzelnen Menschen oder Gruppen.

Aber nicht nur wir selbst und „die anderen“ können Werte blockieren, sondern auch Wertewandel, Werteumbrüche und Wertekrisen. Tipps zum persönlichen Management dazu finden Sie ebenfalls in diesem Kapitel.

„Mein innerer Coach“ (Kapitel 6) zeigt, dass ein patenter Helfer entweder bereits in Ihnen lebt und auf seine Entdeckung wartet – oder wie Sie ihn selbst erschaffen können. Der innere Coach unterstützt Sie beim Definieren, Modifizieren und Leben von Werten. In stürmischen Zeiten von Werteumbrüchen und -krisen dient er Ihnen als zuverlässige Orientierung. Als bester Freund (den Sie immer dabeihaben) unterstützt er Sie, kritisiert freundlich und macht Sie auch aufmerksam, wenn Sie Ihre eigenen Werte missachten (und dadurch Ihr Selbstwertgefühl schädigen).

„Werte als Chancen“ (Kapitel 7): Ein bewusster Umgang mit Werten erleichtert Ihnen nicht nur den Lebensalltag, sondern führt im persönlichen Bereich zu vermehrter Integrität und (Lebens-)Sinn; im sozialen Bereich zu Empathie und Engagement. Generell betrachtet, beinhaltet ein wertorientiertes Leben Wachstumschancen für Sinn und Bewusstsein. Ist das ein wertvolles Ziel für Sie?

Der Stil dieses Buches

- Knappe Infos, oft in Aufzählungsform, sorgen dafür, dass Sie rasch Übersicht gewinnen und Zeit fürs Nachdenken haben.
- Coaching-Tipps sind nicht als Rezepte zu verstehen, die – richtig angewendet – immer gelingen, sondern als Anregung zum Ausprobieren und Anpassen an Ihre eigenen Bedürfnisse.
- Fragen zur Selbstreflexion regen Sie zu eigenen Stellungnahmen an.
- Zeichnungen und Grafiken veranschaulichen und vertiefen die Themen.
- Zitate und Gedichte bringen Themen auf den Punkt.
- Das Glossar (im Anhang) hilft Ihnen, Begriffe und Konzepte differenziert zu betrachten.
- Die folgenden Icons als Mini-Wegweiser erleichtern Ihnen das Auffinden bestimmter Textstellen:

	Theorie
	Wichtig!
	Ideen, Tipps
→	Beschreibung erstmalig erwähnter Begriffe im Glossar

„Unser Leben ist das Produkt unserer Gedanken [resp. unserer Werte; E. B.].“

(Marc Aurel)

1. Wozu braucht es Werte?

„Willst du dich deines Wertes freuen,
so musst der Welt du Wert verleihen."

(Johann Wolfgang von Goethe)

Nach Goethe ist es für unseren → Selbstwert wichtig, der Welt um uns herum Bedeutung beizumessen. Die Art und Weise, wie wir unserer Umwelt begegnen, verleiht rückwirkend auch uns selbst einen → Wert. Woher kommen diese Werte und wie gehen wir konkret mit ihnen um? Und: Wozu brauchen wir sie überhaupt? In Abschnitt 1.1 gehen wir diesen Fragen nach und überlegen, ob Werte an sich wertvoll oder wertlos sind.

Was steuert mich eigentlich? Wir betrachten die individuellen Werte und ihre Einbettung in das persönliche Menschen- und Weltbild in Abschnitt 1.2.

Nach dem „wertvollen" Individuum betrachten wir die Werte sozialer Gruppen (Abschnitt 1.3): Hier zeigen sich in konzentrischen Kreisen die Werte in den verschiedenen Lebensbereichen: von den überschaubaren in Familie und (Wahl-)Verwandtschaften zu komplexeren in den Bereichen Arbeit und Freizeit bis hin zu den großen nationalen, internationalen und globalen Bezügen.

Dieser kurze Blick zeigt den Werte-Dschungel auf, in dem wir uns täglich bewegen. Dabei wird offensichtlich, dass aus Werten in der Gesellschaft auch Normen und Gesetze werden, damit das Zusammenleben gewährleistet ist.

1.1 Der Wert der Werte

Die Begriffe „Wert“ und „wertvoll“ werden gegenwärtig geradezu inflationär verwendet. Schaut man genauer hin, stellt man aber fest, dass es gar nicht so einfach ist, zu definieren, was Werte ausmacht. Die verschiedenen wissenschaftlichen Disziplinen betrachten sie aus unterschiedlichen Perspektiven:

- **Soziologie** – Welche Werte sind in einer bestimmten Gesellschaft für ein gutes Funktionieren wichtig und werden daher von den einzelnen Individuen verlangt? Ein Mensch trifft auf ein vorhandenes Wertsystem der Gesellschaft, in der er lebt, und muss sich diesem mehr oder weniger anpassen.
- **Psychologie** – Was empfindet das einzelne Individuum als wertvoll, indem es einer Person, Sache oder Situation einen Wert zuschreibt? Ein Wert entsteht also durch Auswahl und Bewertung durch ein Individuum und zeigt sich auch in seinem Verhalten.
- **Sozialpsychologie** – Verschiedene Individuen haben Werte, die ihnen unterschiedlich wichtig sind. Werte müssen daher „ausgehandelt“ werden, ja, sie entstehen (oder differenzieren sich) erst durch Kommunikation.

Der Minimal-Konsens des Begriffs lautet demnach: Werte bezeichnen erstrebenswerte Eigenschaften und Qualitäten von Menschen, Objekten und Sachverhalten. Dieses Buch beruht auf diesem Minimal-Konsens unter ausgewogenem Einbezug der erwähnten Perspektiven. Darauf basiert auch das WERTE-Interaktionsmodell (Abschnitt 3.4.2).

Bewerten hat eine lange Tradition: Bereits in der Antike war „das gute Leben“ ein erklärtes Lebensziel. So weit herrschte Einigkeit. Doch was ein gutes Leben genau sei und *wie* es auszusehen habe, darüber gingen auch damals schon die Meinungen weit auseinander. Während die einen für mehr oder weniger ausgelebten Genuss plädierten (Hedonismus), sahen die anderen ihren Weg zum guten Leben im Streben nach → Tugenden: „das gute Leben“ durch „das Gute leben“. Der Begriff Tugend (abgeleitet von taugen, Tauglichkeit) wird für eine hervorragende Eigenschaft oder vorbildliche Haltung verwendet, die es zu leben (oder anzustreben) gilt; z. B. Ehrlichkeit, Weisheit etc.

Die Philosophen der Antike definierten folgende vier Tugenden, die zu einem guten und glücklichen Leben führen sollten: Klugheit / Weisheit, Mäßigung, Gerechtigkeit, Tapferkeit.

Später kamen die drei göttlichen Tugenden Liebe, Glaube, Hoffnung dazu. Die Rittertugenden (um 1350) umfassten neben diesen sieben noch weitere fünf: Höflichkeit, Freundlichkeit, Friedfertigkeit, Barmherzigkeit, Großzügigkeit, Stärke und Treue.

Immer stärker wurde der Begriff Tugend vom Christentum vereinnahmt und zur Moral- und Dogmenlehre verdichtet, die v.a. Keuschheit, Demut, Gehorsam, Geduld, Opferbereitschaft, Hingabe u. a. m. durchsetzen wollte gegen Laster und Sünde. Nun ging es nicht mehr darum, im Hier und Jetzt ein gutes Leben zu führen, sondern sich durch gute Taten ein besseres Jenseits zu verdienen. Seit über 2000 Jahren hat das Christentum das Monopol auf das moralische Verhalten in der westlichen Welt: Es geht um „gut" und „böse" – einzig definiert von der Kirche.

→ Moral wird als System von sittlichen Grundsätzen, Werten und Normen verstanden – ein Sammelsurium von „dürfen", „sollen", „müssen". Innerhalb dieses Systems entwickelten sich die Tugenden ebenfalls zu Gesamtpaketen, d. h., jede Tugend beinhaltete eine Anhäufung wünschenswerter Eigenschaften. Wer etwas Schlechtes tat, war daher nicht tugendhaft, sondern hatte einen schlechten Charakter, war also als ganzer Mensch „böse". Da die Tugendkataloge immer länger wurden, ist es nicht erstaunlich, dass der Begriff mit der Zeit seine Wirkung verlor und z. T. auch ironisch verwendet wurde („Tugendbold").

Immanuel Kant setzte mit seinem → kategorischen Imperativ bei der Vernunft an statt bei Moral und Tugend: „Handle nur nach derjenigen Maxime, durch die du zugleich wollen kannst, dass sie ein allgemeines Gesetz werde." Dieser Satz ist die Grundlage seiner Ethik. Kant meinte damit die absolute moralische Handlung aufgrund der vernünftigen Entscheidung für das „allgemeine Gesetz" – auch wenn sie negative Folgen haben kann. Er hätte nie gelogen, auch wenn er durch das Aussprechen der Wahrheit einen Menschen gefährdet hätte. Denn niemand könne eine Legitimierung von Lügen wollen.

Mit dieser Maxime wird oft die bekannte → „Goldene Regel" verwechselt: „Was du nicht willst, das man dir tu', das füg' auch keinem andern zu!" Sie bezieht sich auf soziales Verhalten und nicht auf ein philosophisches „Gesetz". Es ist eine egoistisch-utilitaristische Haltung: Ich lüge nicht, weil auch ich nicht belogen werden will, und nicht, weil das Lügen gegen ein ungeschriebenes Gesetz verstößt. Und trotzdem: Die Goldene Regel macht das soziale Miteinander in mehr oder weniger großen sozialen Gruppen oft erst möglich.

Der Begriff „Wert" stammt aus der Ökonomie und meint das Gut, d.h. materielle Güter wie Geld, Immobilien etc. Im 19. Jahrhundert wurde die Wertephilosophie begründet: Auch *das Gute* wurde nun zu einem Wert (immaterielle Güter wie Friede, Freude). Der Begriff Wert beinhaltete nun also sowohl materielle als auch immaterielle Güter. Die Werte wurden als vom Menschen unabhängig betrachtet (Wertabsolutismus). Ebenso wurden sie als real, als objektiv betrachtet (Werterealismus). Erst ab Beginn des 20. Jahrhunderts wurden sie vermehrt als subjektiv bezeichnet, d. h. als vom Menschen abhängig. Dies hatte zur Folge, dass sie nun als verhandelbar, als relativ galten. Für die meisten Menschen sind sie das bis heute, einige wenige betrachten Werte noch als absolut und real. Einigkeit herrscht in dem Punkt, dass Werte sowohl für einzelne Individuen als auch für die ganze Gesellschaft wichtig sind.

Der Begriff Tugend ist heute kaum noch gebräuchlich. Nicht nur wirkt er etwas muffig mit seinen allgemeinen Belehrungen und Forderungen, sondern er beinhaltet auch unklare Werte-Pakete. Beispielsweise die christlichen Tugenden Liebe, Glaube, Hoffnung: Hier enthält jeder dieser Begriffe unzählige hierarchisch gestufte Unterbegriffe. Werte sind einzelne Präferenzen, die besser differenzierbar, flexibler und damit vergleichbarer sind als Tugenden – und damit „praktischer" in der Verwendung. (Ob der Wertebegriff auch mal das Schicksal des Begriffs Tugend erleiden wird durch inflationären Gebrauch?) Ein paar grundlegende Gedanken zu Werten:

Gibt es Werte per se oder müssen wir sie selber „schaffen"? Wir setzen Werte als immer schon gegeben voraus, weil wir seit unserer Kindheit nichts anderes kennen, denn wir wurden in ein bestehendes Netz von Werten hineingeboren. Das heißt aber nicht, dass diese Werte per se absolut existieren. Jede Familie, jeder kulturelle Kreis vermittelt unterschiedliche Werte. In seinem Buch *Werte: Warum man sie braucht, obwohl es sie nicht gibt* sagt der Autor Andreas Urs Sommer: „Werte sind Fiktionen. Das heißt nicht, dass es sie überhaupt nicht gibt, wohl aber, dass es sie nicht gibt ohne Menschen, die sie erschaffen" (2016, S. 164).

Wenn wir Werte selber schaffen, kann die Interpretation eines Wertes völlig unterschiedlich ausfallen. Den Wert „Freiheit" betrachtet eine Angestellte anders als ein Häftling. Beim Wert „Freundschaft" vermeinen wir alle zu wissen, was darunter zu verstehen ist. Wenn wir uns im Freundeskreis umhören, stellen wir jedoch fest, dass sich mehr oder weniger große Unterschiede ergeben.

So stellt sich bei jedem Wert die Frage, wie umfassend der „harte Kern" ist und wie viel Verhandlungsspielraum bleibt (vgl. WERTE-Schieberegler in Abschnitt 3.4.3). Die Diskussion um Interpretation und Umsetzung von Werten muss also differenziert geführt werden. Dadurch werden Werte geklärt und es ergeben sich Entwicklungschancen für alle Beteiligten.

Werte sind relativ – sind sie daher beliebig? Trotz Wertediskussion: Werte sind nicht einfach austausch- oder uminterpretierbar. So ist z. B. der Wert „Toleranz" nicht gleichzusetzen mit „Akzeptanz", „Fleiß" nicht mit „Bemühen" etc. In verschiedenen Lebensbereichen setzen wir unsere Werte zudem unterschiedlich um. Zum Beispiel wird der Wert „Toleranz" im Freundeskreis anders gelebt als am Arbeitsplatz. Und verschiedene Werte von uns können zueinander in Widerspruch stehen und innere Konflikte auslösen. All das zeigt: Unsere Werte können zwar im Lauf der Zeit flexibel gehandhabt werden und wandelbar sein. Beliebig sind sie jedoch nicht.

Die Welt um uns herum bleibt bekanntlich nicht stehen. Durch Technik, Wirtschaft, Wissenschaft, Politik, Kultur ergeben sich entsprechende soziale und politische Veränderungen, die mit einem Wertewandel einhergehen. Der Wandel ist das Natürliche – das bezieht sich auch auf die Werte. Wenn sich erdrutschartig vieles gleichzeitig verändert, kann von einem Werteumbruch gesprochen werden. In Wertekrisen sind nicht die Werte an sich in der Krise. Krisenhaft ist, wenn durch Manipulation verhindert wird, dass (bestimmte) Werte gebildet oder gelebt werden können (vgl. Abschnitt 5.4).

Braucht es Werte? Wenn Werte nicht klar definiert und zusätzlich noch einem Wandel unterworfen sind, soll man sie dann nicht gleich abschaffen? Verschiedentlich wurde dies tatsächlich proklamiert – allerdings sollte beachtet werden, dass über Veränderung oder Abschaffung der Werte erst diskutiert werden kann, seit diese frei bestimmbar sind, d. h. nach der historischen Aufklärung. Aber was würde an ihre Stelle treten?

Gerade ihre Differenzierbarkeit und Entwicklungsfähigkeit macht Werte wertvoller als die einstigen Tugenden und Prinzipien, die, wie oben beschrieben, ganze Wert-Pakete umfassen und von der Gesellschaft vorgegeben sind. Werte sind einzelne Präferenzen, die in der Kommunikation unter den Beteiligten differenziert werden. Somit sind sie ein patentes Mittel, um mit allen und allem in Beziehung zu treten und dadurch Perspektiven, Meinungen und Haltungen zu vergleichen und zu diskutieren – und dadurch gleichberechtigt neue Wege zu finden.

Fazit: der Wert der Werte

- Werte sind Orientierungshilfen in einer immer komplexer werdenden Welt.
- Werte sind Entscheidungshilfen in der Multioptionsgesellschaft. Wer auf das Werten und Entscheiden verzichten will, weil jede Entscheidung eine Fehlentscheidung sein könnte, macht sich zum Spielball der Werte und Entscheidungen anderer.
- Werte sind diskutier-, verhandel- und wandelbar.
- Wer wertet, beurteilt eine Person oder Sache aufgrund seiner eigenen Interessen und Bedürfnisse; er / sie macht damit auch eine Aussage über sich und seine Identität.
- Werte schärfen das Bewusstsein: Was genau will ich und warum?
- Werte sind Teil unserer Identität.

Tipps für den generellen Umgang mit Werten

- Werte differenziert betrachten, nicht in fixen Polaritäten von gut / böse, positiv / negativ, richtig / falsch. Werte sind keine Dogmen.
- Werte kritisch betrachten: Wer vertritt welche Werte und welche Interessen? Wessen Werte und Interessen werden übergangen?
- Widersprüche aufdecken zwischen bloßer Wertebeschwörung und gelebten Werten: in Wirtschaft, Religion, Politik, Gesellschaft – und bei sich selbst.
- Bei der eigenen Werteklärung beachten, welches der eigene unantastbare Kern des Wertes ist und wo die „Verhandlungszone“ beginnt.

Werte sind das Kostbarste, was wir haben! Daher lohnt es sich, sie achtsam und bewusst auszuwählen und zu pflegen. Eine wertvolle Hilfe dabei ist der innere Coach (vgl. Kapitel 6).

„Indem wir gemäß unseren Werten auf die Herausforderungen unseres Lebens antworten und uns verhalten, übernehmen wir Verantwortung für uns und andere. Dies ermöglicht, ein wertvolles und sinnerfülltes Leben zu führen“ (Borstnar & Köhrmann, 2004, S. 196).

Durch Wertebewusstsein und Werteumsetzung können wir unser Leben intensivieren. Werte tragen zur Selbstentfaltung bei und sind förderlich in sozialen Beziehungen.

1.2 Individuelle Werte

Wer kennt nicht die unzähligen Alltagssituationen, in denen wir mit uns selbst hadern: „Schon wieder bin ich auf Werbung reingefallen!“, „Wie soll ich mich bloß entscheiden? Eventuell kommt ja noch was Besseres …“, „Hätte ich doch bloß …“ Täglich werden wir mit mehr oder weniger drängenden Entscheidungssituationen konfrontiert. Aber: Wer entscheidet denn eigentlich in mir? Sind es bewusste Ziele, klare Motivationen oder bloß temporäre Launen, an denen ich mich orientiere? Könnte ich auch ein total anderes Leben leben? Wie entscheide ich mich, wenn alles möglich ist? Kurz: *Was steuert mich eigentlich?*

Wenn wir nachforschen, was hinter unseren Entscheidungen und unserem Verhalten liegt, stoßen wir auf unsere → Einstellungen, und hinter diesen sind unsere Werte zu finden. Werte (z. B. Hilfsbereitschaft) sind zunächst einmal abstrakt. In einer speziellen Situation wird der Wert dann konkretisiert: So sehen wir beispielsweise Touristen, die offenbar Orientierungsschwierigkeiten haben. Aufgrund des Werts

Hilfsbereitschaft gelangen wir zu der Einstellung, diesen Touristen helfen zu müssen, indem wir sie nach ihrem Ziel fragen und ihnen den Weg dorthin erklären.

Werte (abstrakt) → Einstellung/Haltung (in spzieller Situation) → Verhalten (konkret)

Ein anderes Beispiel: Es steht die Entscheidung an, die Ferien im fernen Ausland zu verbringen oder in der Nähe. Die Lust, in die Ferne zu schweifen, wird durch die „umweltfreundliche“ Haltung / Einstellung infrage gestellt sowie durch die Werte „Fürsorge (gegenüber den Kindern)“ (Reiseweg, Klima etc.) und „Selbstfürsorge“ (weniger Stress, geringere Kosten etc.).

Wertehierarchie. Wir bewerten Eigenschaften und Qualitäten von Menschen, Objekte und Sachverhalte. Was uns wertvoll erscheint, motiviert uns zum Handeln. Dadurch unterscheiden wir uns von anderen Menschen, d. h., unsere Werte sind auch Teil unserer Identität. Eine bestimmte Wohnung gefällt mir zum Beispiel besser als die andere, eine Partner*in gefällt mir besser als der / die andere. Zum Glück finden wir Menschen nicht alle dasselbe wertvoll ...

Aus einzelnen Werten formen wir unser persönliches Wertesystem, in dem es wichtigere und weniger wichtige Werte gibt, d. h., wir bilden eine Wertehierarchie. Ein Beispiel dazu: Im Alltag wollen wir möglichst nicht lügen (weil wir selbst ja auch nicht angelogen werden wollen) – aber wenn durch unsere Ehrlichkeit ein Freund verraten würde, steht der Wert der Freundschaft auf einer höheren Wertehierarchie-Stufe. Aufgrund solcher Dilemmata geraten wir immer wieder in Wertekonflikte und wissen nicht recht, nach welchen Werten wir handeln sollen.

Individuelle Werte können bewusst oder unbewusst sein, Verhalten steuern und damit zu Persönlichkeitsanteilen werden, Selbstbewusstsein und Sinn verleihen. Persönliche Werte wandeln / entwickeln sich in Abhängigkeit des individuellen Lebenslaufs und unterscheiden sich auch von den Werten anderer Menschen aus demselben Kulturkreis.

Sich mit seinen eigenen Werten auseinanderzusetzen hilft nicht nur, die eigenen Wünsche zu erkennen, Ziele und Entscheidungen klarer zu treffen, sondern es stärkt auch das Selbstwertgefühl und unterstützt eine bewusste und sinnvolle Lebensführung. Werte müssen im Verhalten eines Menschen erkennbar sein, wenn sie nicht leere Worthülsen bleiben sollen.

Der Mensch ist bei näherer Betrachtung ein multidimensionales Wesen aus körperlichen, psychischen, spirituellen und sozialen Dimensionen, die miteinander in Wechselwirkung stehen. All diese Dimensionen umfassen Werte – Werte, die wir selbst gewählt haben, oder Werte, die uns in der Kindheit aufgenötigt wurden. Fragen Sie sich, was Ihnen in den folgenden Dimensionen besonders wichtig ist.

1. **Körperliche Dimension:** Gemeint sind hier genetische, biologische und physiologische Aspekte.
   Mögliche Werte: Gesundheit, Beweglichkeit, Kraft, Vitalität, Ästhetik etc.
2. **Psychische Dimension:** Hier geht es um Wahrnehmung, Emotionen (Gefühle), Kognition (Denken, Wissen, Einsicht), Bewusstseinsformen (bewusste und unbewusste Anteile).
   Mögliche Werte: Selbstwertgefühl, Motivation, Interessen, Kreativität, Humor etc.
3. **Spirituelle Dimension:** Hier stehen die Sinnfragen im Vordergrund (Philosophie, Religion, Lebenssinn, transpersonale Erfahrungen).
   Mögliche Werte: Verbundenheit mit höherer Instanz (Universum, Gott, Energie etc.), Inspiration, Liebe, Frieden, Verzeihen etc.
4. **Soziale Dimension:** Hier geht es um Beziehungen im privaten und beruflichen Bereich, um das soziale Netz, soziale Rolle, Funktionen, Status, Kontakte.
   Mögliche Werte: Freundschaft, Liebe, Empathie, Vertrauen, Toleranz, Fürsorge, Solidarität etc.

Die menschlichen Dimensionen sind miteinander verbunden und beeinflussen sich wechselseitig. Ebenso spielen hier Tagesverfassung und unser Gemütszustand eine Rolle: Beispielsweise ist unsere körperliche Befindlichkeit bei Kopfschmerzen stark eingeschränkt, was sich auf psychischer Ebene auf unsere Interessen und unsere Motivation auswirkt. Sozial ziehen wir uns eher zurück und in spiritueller Hinsicht sind wir in dieser Situation wohl kaum auf Erleuchtungskurs. Dies kann sich auch auf die Umsetzung unserer Wert-Vorstellungen auswirken.

Gleichzeitig beeinflussen uns die Faktoren Raum und Zeit. Der Faktor Zeit ist für uns Menschen sehr wichtig, und zwar nicht nur im Sinne von Zeitmanagement und der Einteilung in Vergangenheit, Gegenwart und Zukunft, sondern auch bezogen auf die persönliche Entwicklung während der Lebensdauer. Der Faktor Ort verschafft uns Bewusstheit für die Qualität des Raumes – v. a. in der heutigen Zeit der (örtlichen) Flexibilität.

Welt- und Menschenbild. Die Werte(-Systeme) sind integriert in unser →Menschenbild, d. h. eine Art „Gesamtschau" über *die* Menschen oder darüber, wie *die* Welt funktioniert und was sie zusammenhält. Verschiedene Faktoren beeinflussen das Menschen- und Weltbild: Beziehungen, Arbeit und Beruf, Umwelt, Kultur, Religion, Lebenserfahrung, Politik etc. In einem religiösen Menschenbild finden sich beispielsweise Werte wie Nächstenliebe, Vergebung etc.; in einem atheistisch-humanistischen Menschenbild die Werte Gleichberechtigung, Solidarität etc. Werte können in den verschiedenen Menschenbildern unterschiedliche Namen tragen, aber denselben Inhalt repräsentieren oder umgekehrt. Das →Weltbild eines Menschen sagt aus, wie er die Welt persönlich wahrnimmt (auch im Sinne von: für wahr halten), wie er sie beurteilt und bewertet. Menschen- und Weltbilder sind nicht nur privat, sondern auch kultur- und zeitabhängig, denn die uns umgebenden sozialen und kulturellen Bedingungen beeinflussen uns.

> „Jeder Mensch meint, dass seine Wirklichkeit die richtige Wirklichkeit ist."
>
> (Hilde Domin)

Menschen- / Weltbilder verändern sich im Verlauf der Zeit, wie die folgenden Aussagen zeigen:

- Die Erde ist eine Scheibe.
- Gott erschuf die Welt in sieben Tagen.
- Der Mensch ist gut, aber er verdirbt durch die Gesellschaft.
- Der Mensch konstruiert seine Welt selbst.
- Der Mensch ist die Krone der Schöpfung und soll sich diese untertan machen.
- Es gibt Außerirdische.
- Diese Welt ist eine von vielen Parallelwelten.
- Der Mensch ist ein egoistisches, machtgeiles Wesen, dem nur Prestige, Status-Symbole und Likes wichtig sind.
- Der Mensch ist ein Bewusstseins- und Energiewesen.
- ...

REFLEXION

Wie würde sich mein Leben verändern, wenn ich ...

- **... einen meiner Werte ändern würde?** (Zum Beispiel Zuverlässigkeit: Plötzlich wäre ich pünktlich / unpünktlich, hielte mich (nicht) an Abmachungen ...)
- **... eines meiner Wertesysteme ändern würde?** (Zum Beispiel mein Demokratieverständnis zugunsten populistischer Ideen – oder umgekehrt ...)
- **... mein Weltbild ändern würde?** (Wenn ich z. B.
  - anstelle von „Man lebt nur einmal!" an Reinkarnation glauben würde oder umgekehrt ...?
  - anstelle von Urknall und Evolutionstheorie an göttliche Schöpfung und Vorsehung oder umgekehrt glauben würde ...?)
- **... meine Erwartung losließe, dass andere Menschen sich nach meinen Werten verhalten sollten ...?**

1.3 Kollektive Werte

Als ob die unterschiedlichen Werte innerhalb eines Individuums nicht schon komplex genug wären, stoßen wir noch unweigerlich auf die Werte „der anderen", sobald wir mit ihnen zusammenkommen. Und diese anderen Menschen haben ein ebenso multidimensionales Leben mit vielen Wert(-vorstellungen) wie wir. Mehrere Individuen bilden Gruppen mit ähnlichen Interessen und Zielen und mit entsprechend unterschiedlichem/n Zusammengehörigkeitsgefühl und Werten. Diese Kollektive oder sozialen Gruppen finden sich in verschiedenen Lebensbereichen (vgl. Abbildung 1.1).

„Kollektive Werte" bedeutet nicht, dass alle Mitglieder gleich sind oder alle genau dieselben Werte haben, sondern dass es gemeinsame, ähnliche Werte gibt, die in einer speziellen Gruppe „gruppentauglich" sind. Kollektive sind vor dem Individuum da, z. B. wird ein Baby in eine Familie hineingeboren, ohne die es nicht überleben könnte. Während unseres Lebens bewegen wir uns in unzähligen unterschiedlichen Gruppen. In diesen findet soziale Interaktion statt, d. h. absichtsvolles Verhalten von Menschen in Bezug auf andere. Dabei sind die Werte Grundlage und Orientierungsmaßstab, ohne die ein Zusammenleben nicht möglich wäre. Die Anpassungsfähigkeit an die Wert- und Normvorstellungen innerhalb einer Gruppe ist individuell unterschiedlich ausgeprägt.

Alltag, Spezialsituationen und Schicksal beeinflussen die sozialen Interaktionen. Nicht nur für das Selbstverständnis, sondern auch für das Verständnis im Zusammenleben in Gruppen empfiehlt es sich, die Werte zu klären, d. h. zu diskutieren und gegebenenfalls zu modifizieren. Wer sich seiner Werte und ihrer Verhandelbarkeit bewusst ist, hat dabei die besseren Karten.

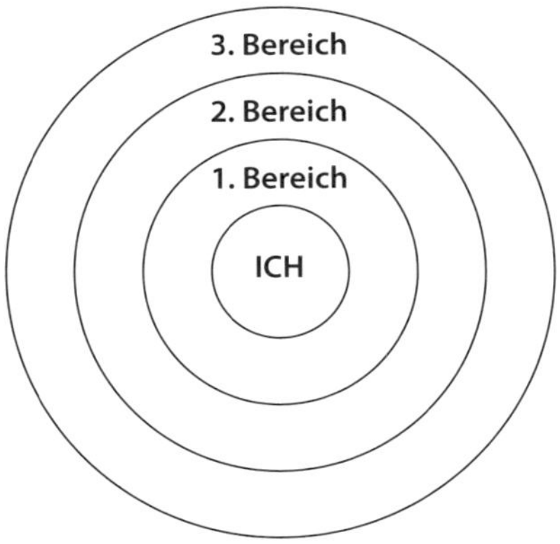

Ich in meinen multiplen Dimensionen: körperliche, psychische, spirituelle, soziale Dimension

Lebensbereich 1: Familie, familienähnliche Strukturen, (Wahl-)Verwandtschaft

Lebensbereich 2: Freund*innen, Kolleg*innen aus Schule, Arbeit, Freizeit

Lebensbereich 3: Kulturkreis, Staat, Menschheit, Erde

Abbildung 1.1: Lebensbereiche

In allen Lebensbereichen gilt: Werte formen uns und wir formen unsere Werte. Die Einflussmöglichkeiten und Intensität der sozialen Interaktionen unterscheiden sich je nach Lebensbereich, d. h., sie verringern sich in der Regel vom ersten bis zum dritten Bereich. In welchen Lebensbereichen und Kollektiven bewege ich mich? Welche Werte erkenne ich dort? Sind das auch meine persönlichen Werte?

Lebensbereich 1: Familie, familienähnliche Strukturen, (Wahl-)Verwandtschaft

In dieser Wohn- und Lebensgemeinschaft sind v. a. Versorgung und Pflege, Unterstützung und Hilfe zur → Personalisation und → Sozialisation zentral. Hier beginnt die unendliche Geschichte von Nähe und Distanz, von Autonomie und Abhängigkeit. In diesem Bereich findet u. a. auch die erste Wertevermittlung statt und wir machen die ersten Erfahrungen mit Werten anderer.

Wir sind in das Wertgefüge unserer Familie hineingeboren worden und haben gelernt, was akzeptiert wird und was nicht. Diese ersten (Wert-)Erfahrungen sind entsprechend mit intensiven Gefühlen verbunden. Dieser Lebensbereich ist uns seit unserer Kindheit an vertraut, die gegenseitigen Beeinflussungsmöglichkeiten sind groß. So hat jedes Familienmitglied einen beträchtlichen Anteil am Familienklima. Auch nur eine geringe Verhaltensänderung eines Mitglieds bringt das gesamte Gefüge in Bewegung, wie ein Mobile im Wind. Beispiel dafür ist die Pubertät, in denen alle Beteiligten „schwierig“ werden: Die Jugendlichen, weil sie mit neuen Werten und Verhalten ihre Eltern samt deren Werte herausfordern, und umgekehrt.

*Lebensbereich 2: Freund*innen, Kolleg*innen aus Schule, Arbeit, Freizeit*

Ausgerüstet einzig mit dem Training aus der Familie müssen wir erkennen, dass unsere gelernten Werte in diesem erweiterten Lebensbereich an ihre Grenzen stoßen. Beispielsweise können Werte aus dem Lebensbereich 1 im Lebensbereich 2 versagen: Während Offenheit bezüglich der eigenen Befindlichkeit in der Familie normal war, könnte dieser Wert am Arbeitsplatz als „Drückebergertum" interpretiert werden und im sportlichen Freizeitbereich als „Wehleidigkeit". Der Einflussbereich in diesen Lebensbereichen ist oft weniger groß als in Lebensbereich 1. In welchen sozialen Gruppen bewege ich mich? Welche Werte herrschen dort vor? Sind das auch meine Werte?

Trotz der vielen Reibungsmöglichkeiten aufgrund unterschiedlicher Werte benehmen sich die meisten Menschen in der Regel „anständig" – und sei es auch nur, um Ärger zu vermeiden. Eigentlich ist es erstaunlich, dass komplexe Individuen in komplexen Lebensbereichen in den meisten Fällen relativ friedlich miteinander klarkommen.

Durch die permanente Herausforderung, sich mit seinen Werten an verschiedene Gruppen (z. B. Arbeitsplatz, Freizeitgruppen) anzupassen, verringert sich die Gefahr, einseitig, borniert und intolerant zu werden. Wenn es nur noch klar definierte Werte, ein einziges Weltbild, eine Wahrheit geben darf, wird es gefährlich. Dies kann immer wieder bei Fundamentalisten, Sekten, Terroristen und totalitären Vereinigungen beobachtet werden.

Lebensbereich 3: Kulturkreis, Staat, Menschheit, Erde

Von kleinen (Interessen-)Gemeinschaften zum Dorf, zur Stadt und zu größeren sozialen Gebilden wie Staat, Kulturkreis ... bis zur globalen Einheit verstärken sich Anonymität und Rationalität zunehmend. In einer Gesellschaft können Werte zu Verhaltensnormen werden (z. B. Hand reichen zur Begrüßung) oder zu → Gesetzen (z. B. Rechtsverkehr) mit entsprechenden Folgen bei Nichtbeachtung. Eine soziale Gesellschaft funktioniert nur dank → Normen und Werten, die alle Mitglieder einhalten. In den verschiedenen (Sub-)Kulturen können sie unterschiedlich ausgeprägt sein. In modernen Gesellschaften findet man einen Wertepluralismus, in dem unterschiedliche Werte gelebt werden können. Doch je mehr Freiheiten, desto mehr Regulierungen sind nötig, damit nicht das Faustrecht obsiegt.

Werte in Nationen

Jede Gesellschaft organisiert sich mittels unterschiedlicher Strukturen zum Wohl der Staatsbürger*innen. Diese Strukturen sind unter sich vernetzt. Sie repräsentieren und definieren entsprechende Werte. Gleichzeitig sind sie in sich differenziert. Beispielsweise hat ein Arbeitnehmer nicht dieselben Interessen und Werte wie Personen aus dem Management oder Aktionäre. Aufgrund dieser vielfachen Verflechtung ist es an dieser Stelle unmöglich, für gewisse Subgruppen spezifische Werte auszuweisen. Die folgende Auflistung möchte daher anregen, sich Gedanken zu den (sich teilweise widersprechenden) Werten zu machen, die innerhalb dieser Subgruppen vertreten werden:

- Staat, Politik, Parteien, soziale Schichten, Subkulturen
- Internationale Vereinbarungen und Pakte
- Jurisprudenz, Gesetze, Verordnungen, Richter, Anwälte
- Gesundheitswesen: Spitäler, Ärzte, Krankenkassen, Pharma-Industrie
- Wissenschaften: diverse Fakultäten, Aus- und Weiterbildung, Forschung
- Medien, Information, Kultur, Kunst
- Wirtschaft, Banken, Versicherungen, Unternehmen, KMU
- Konsum, Werbung, Kauf – Verkauf
- Religion, Glaube, Kirchen, Sekten, Geheimbünde
- Etc.

Was sind die *spezifischen* Werte einer Nation? Das Eurobarometer ist eine regelmäßige Standard-Meinungsumfrage der Europäischen Kommission. So wurde für 2012 beispielsweise die Frage ausgewertet: „Welche Werte repräsentiert Ihrer Meinung nach am besten die Europäische Union?“ So konnten einerseits die gemeinsamen Werte der EU-Bürger*innen und andererseits die Werte, die gemäß EU-Bürger*innen am ehesten für die EU stehen, ausgewertet werden. In den letzten Jahren wurden folgende genannt: Menschenrechte, Respekt gegenüber menschlichem Leben, Frieden, Demokratie, Freiheit des Einzelnen, Rechtsstaatlichkeit, Gleichheit, Solidarität und Unterstützung anderer, Toleranz, Selbstverwirklichung, Respekt gegenüber anderen Kulturen und Religion. Interessant ist zu beobachten, wie sich diese Werte in den einzelnen Ländern während der Jahre verändern.

Welche dieser Werte sind auch meine Werte? Würde ich dieselbe Reihenfolge wählen?

Gemeinsame europäische Werte?

Dazu werden generell folgende gezählt:

Demokratie: In dieser Staatsform müssen die Regierenden den Willen des Volkes (Souverän) umsetzen und sind ihm rechenschaftspflichtig. Voraussetzung für eine Demokratie: Demokratische Verfassung, Mehrparteiensystem, freie Wahlen, aktives und passives Wahl- und Stimmrecht.

Rechtsstaatlichkeit: Diese beinhaltet v.a. folgende Prinzipien: Gleiche Rechte für alle (Männer und Frauen); Gewaltenteilung (Aufteilung der Staatsmacht auf Legislative, Exekutive und Judikative), die sich gegenseitig kontrollieren, um Machtmissbrauch vorzubeugen;

Berechenbarkeit staatlichen Handelns: Klare Rechtsordnung, damit für alle Bürger*innen gesetzeskonformes Verhalten möglich ist.

Rationalität: Aussagen werden anhand ihres Inhaltes beurteilt und nicht aufgrund einer Aussage eines Gottes, einer Autorität oder einer Mehrheit.

Säkularität: Trennung von Politik und Religion. Religion ist Privatsache und muss sich der staatlichen Verfassung und deren Gesetzen unterordnen.

Humanismus: Weltanschauung, die die Menschenwürde in den Mittelpunkt stellt.

Menschenrechte: Neben der Allgemeinen Erklärung der Menschenrechte (AEMR) von 1948 existieren weitere regionale. In Europa ist dies die Europäische Menschenrechtskonvention (EMRK).

Wenn wir die Werte bedenken, die in all diesen Wertequellen stecken, wird klar, dass sich einige widersprechen und einige noch der Umsetzung und / oder der Verbesserung harren, beispielsweise die bereits oben erwähnte Gleichberechtigung der Geschlechter.

Globale Werte

Sobald wir den Blick von nationalen auf internationale und gar globale Werte richten, engt sich die Auswahl weiter ein und eine Konsensfindung wird schwieriger. Das Konzept der **Menschenrechte** besagt, dass alle Menschen als gleichwertig anzusehen und mit den gleichen Rechten ausgestattet sind. So lautet beispielsweise Artikel 1: „Alle Menschen sind frei und gleich an Würde und Rechten geboren. Sie sind mit Vernunft und Gewissen begabt und sollen einander im Geist der Brüderlichkeit begegnen" (Vereinte Nationen, 1948). Diese Rechte gelten als unveräußerlich, unteilbar und universell. Sie wurden nach der historisch wohl größten Wertediskussion ins Leben gerufen: als Folge des unsäglichen Leids des Zweiten Weltkrieges.

Oft wird den Menschenrechten vorgeworfen, sie seien eurozentrisch und könnten deshalb nicht als allein gültiger globaler Maßstab gelten. Zudem fehlen den einen gewisse Themen, während die anderen sich an der Unübersichtlichkeit stören. Doch trotz aller Kritik: Wie sähe die Welt aus, wenn es diese Menschenrechte nicht gäbe?

Menschenpflichten: Wo es Rechte gibt, da gibt es auch Pflichten! 1997 erarbeitete ein Gremium aus Experten und Vertretern „verschiedenster Religionsgemeinschaften und Weltanschauungen“ unter dem Ehrenvorsitz des ehemaligen deutschen Bundeskanzlers Helmut Schmidt eine „Allgemeine Erklärung der Menschenpflichten“ aus (InterAction Council, 1997). Diese wurde dem damaligen Generalsekretär der Vereinten Nationen, Kofi Annan, zugestellt. Hier lautet Artikel 1: „Jede Person, gleich welchen Geschlechts, welcher ethnischen Herkunft, welchen sozialen Status, welcher politischer Überzeugung, welcher Sprache, welchen Alters, welcher Nationalität oder Religion, hat die Pflicht, alle Menschen menschlich zu behandeln.“

Kritik gibt es auch hier: Menschenpflichten würden auf alarmistischen Gesellschaftsanalysen beruhen, kulturrelativistisch außereuropäische Gesellschaften bevorzugen oder gewissen Staaten als Druckmittel gegenüber den eigenen Bürgern dienen. Ist diese Kritik gerechtfertigt?

All diese sozialen Strukturen (Lebensbereiche 1–3), in denen Interaktionen ablaufen, können auch als Werte-Quellen betrachtet werden, als Werte-Angebote, die über uns und unseren gewöhnlichen Alltag hinausreichen. Bei all diesen Quellen – ob national, europäisch, global – ist zu bedenken, dass nicht alle Werte immer selbstverständlich waren und über lange Zeit hinweg nicht mal zur Debatte standen. So musste beispielsweise das Bewusstsein um die Gleichwertigkeit der Geschlechter erst erkämpft werden. Aus vielen Werten wurden Normen und Gesetze geschaffen, beispielsweise gerechtere Löhne und bessere soziale Bedingungen. Bevor etwas zur Norm oder zum Gesetz werden kann, muss es also im Wertebewusstsein vieler Menschen sein.

Nach diesem Blick über den Tellerrand kehren wir in unsere eigenen sozialen Lebensbereiche zurück in dem Bewusstsein, dass wir unsere Werte selbst wählen dürfen, diese aber auch mit unserem Umfeld kompatibel sein müssen.

2. Mein Werte-Navi

„Ein jeder ist so viel wert,
wie die Dinge wert sind, um die es ihm ernst ist."

(Marc Aurel)

Werte in mir und um mich … Wie kommen wir nur klar mit all diesen unterschiedlichen Werten, Normen und Gesetzen? Abschnitt 2.1 präsentiert unseren kleinen Helfer aus Kindertagen: ein internes Navi, das uns zu richtigem (d. h. wertvollem) Verhalten anleiten und vor falschen Wegen bewahren sollte. Woher dieses Navi stammt („Werkeinstellung") und durch wen es die Programmierung erfuhr, mit diesen Fragen beschäftigt sich dieses Kapitel. Auch wenn das Navi nur eine Metapher ist, so führt uns diese doch zu den wichtigen Fragen eines wertvollen Lebens.

Abschnitt 2.2 entführt uns auf eine virtuelle Reise in unsere Kindheit. Wir betrachten die Werte-Entwicklung im Laufe unseres Lebens. Ziel dieser virtuellen Reise ist das Sammeln unserer Werteperlen. Zuerst betrachten wir dazu unsere moralische Entwicklung in unserer Kindheit, um zu verstehen, wie unser Navi programmiert wurde. Danach wenden wir uns unserer Jugend und Adoleszenz zu, indem wir uns fragen, welche Werte wir selbst entdeckt oder von den Peers kopiert und auf unserem Navi abgespeichert haben, quasi als Update. Weiter geht die virtuelle Reise mit einem Blick aufs Erwachsenenalter und einem Ausblick ins Alter.

Nach dieser virtuellen Reise in die Vergangenheit betrachten wir in Abschnitt 2.3 mögliche Folgen des Kinder-Navis im Allgemeinen und für uns persönlich.

Wo finden sich welche Werte?

2.1 Programmierung des Werte-Navis

Wir alle beurteilen, entscheiden und handeln aufgrund unserer Werte – auch der Einbrecher, der unsere Wohnung ausräumt, oder der Verkehrsrowdy, der uns die Vorfahrt nimmt … Wie aber sind wir zu unseren Wertvorstellungen, zu unserer Handlungs-Orientierung gekommen? Warum ist die eine Handlungsoption für uns wertvoller als die andere? Wir scheinen ein internes Navi zu haben, das uns steuert. Ein Navi zeigt uns den Weg zu einem bestimmten Ziel. Unsere Eltern und Bezugspersonen sagten uns einst auch, wo es langgeht – und programmierten dadurch unser inneres Navi, die Orientierung, welcher Weg der „richtige" und somit auch welcher der „falsche" ist. Und woher wussten unsere Eltern, was gut, richtig und wertvoll ist? Ebenfalls von ihren Eltern und Bezugspersonen – eine endlose Geschichte also. Es sind eigentliche kulturelle Programme – oft → Meme genannt. So wirkt die Vergangenheit in uns allen nach. Und dieses Sammelsurium übermittelter sozialer, kultureller, historischer Werte ist quasi die Werkeinstellung unseres Navis. Auf der Basis dieser Werkeinstellung programmieren dann die Eltern die Werte, die *sie* wichtig und wertvoll finden, um in der aktuellen Gesellschaft gut überleben zu können. Ohne diese Programme wären wir gar nicht fähig, Entscheidungen zu treffen oder zwischen „wahr" und „falsch" zu unterscheiden, kurz: Wir wären nicht lebensfähig.

Metaphern sind nicht die Wirklichkeit an sich. Auch die Navi-Metapher sollte nicht überstrapaziert werden, denn menschliches Leben ist wesentlich komplexer als ein technisches Gerät. Dennoch ist sie praktisch als Sinnbild für die automatische, unreflektierte Übernahme von Werten.

Programmierung meines Navis: Personalisation und Sozialisation

Wir werden geboren, wachsen und entwickeln uns aufgrund unserer genetischen Anlagen und dank der Pflege unserer Familie. Während das Wachstum „automatisch" aufgrund der Gene stattfindet, wird die Persönlichkeitsentwicklung (Personalisation) durch unsere Eltern und Bezugspersonen angeregt. Sie zeigen uns als Neuankömmlinge, wo es langgeht, zeigen auf, was ‚gut' und ‚böse' ist. Diese bewussten und unbewussten Wertvorstellungen der Eltern übernehmen wir zuerst unhinterfragt, als Kleinkind kennen wir noch nichts anderes. Sobald wir andere Familiensysteme kennenlernen, tauchen Vergleiche und Fragen auf: „XY ist dort aber erlaubt …?!" Einige Jahre später, in der Pubertät, stellen wir die Werte der Eltern und der Gesellschaft eventuell radikal infrage, kippen diese und suchen unsere eigenen. Je mehr sich der soziale Rahmen weitet, desto größer wird der Einfluss der gesellschaftlichen Realität (Sozialisation): Ob wir in Friedens- oder Kriegszeiten aufwachsen, in einer

Diktatur oder einer Demokratie, in einer reichen oder armen Sozialschicht, auch ob wir als Junge oder Mädchen geboren wurden sowie das Bildungsmilieu haben direkten Einfluss auf unsere Werte und unsere Haltung dem Leben und der Welt gegenüber.

Weitere bewusste und unbewusste Auseinandersetzung mit Werten und Normen erfolgt in Bildungssystemen (Schule, Lehre, Studium). Wir werden zudem auch in ein religiöses Wertesystem hineingeboren – in die Religion, der unsere Familie angehört. Das heißt, wir alle gelangen bereits zu Beginn unseres Lebens in ein bestimmtes System von Werten, Normen und Gesetzen.

Während unserer Sozialisation wurden uns Werte vermittelt und unser Verhalten, das von den daraus folgenden Verhaltensvorschriften abwich, sanktioniert. Mahnende und schimpfende Bezugspersonen formten ab frühester Kindheit an unsere Gewissensstimme. Wie klingen diese inneren Stimmen? Haben sie Ähnlichkeit mit der Stimme der Mutter, des Vaters, der Lehrer*innen, des/der Geistlichen? Diese inneren Stimmen kontrollieren uns, auch wenn die Bezugspersonen längst nicht mehr für uns zuständig sind. Wir gehorchen nun „ferngesteuert" unserem inneren Navi, dessen Werkeinstellungen von unseren Erziehungspersonen aktualisiert wurden. Nach einer Handlung haben wir ein gutes oder ein schlechtes → Gewissen – je nachdem, ob wir den Stimmen unseres Navis gehorcht haben oder nicht. Und auf dem Navi sind noch weitere Stimmen einprogrammiert. Vielleicht klingen sie so: „Ach, lass das, das kannst du sowieso nicht!", „Hast du schon wieder (nicht) …!" etc. Das sind unsere inneren Kritikerstimmen, die Selbstwertkiller schlechthin (vgl. dazu Abschnitt 5.2.3).

2.2 Werte im Verlauf des Lebens

Bisher existiert kein Gesamtmodell zur Werte-Entstehung. Generell wird davon ausgegangen, dass Moralerziehung in der Kindheit unbewusst und Wertebildung v. a. im Jugendalter mehr oder weniger bewusst stattfinden.

Die lebenslange Entfaltung der Persönlichkeit ist ein Mix aus Personalisation (Welchen Werten gemäß will ich leben?) und Sozialisation (Nach welchen Werten und Normen muss ich leben?). Unterstützend in diesem Prozess sind Eltern, Schule, Berufsleben, Vereine, Sport … Um die Frage zu klären, was ich selbst gewählt und was mir „verpasst" wurde, blicken wir zurück und begeben uns auf eine Reise in die eigene Vergangenheit: Was hat mich – passiv – geformt, was habe ich dem Werte-Angebot – aktiv – entnommen? Was kann ich daraus für meine Gegenwart, dem Jetzt, entnehmen? Wie sehe ich meine weitere Werte-Entwicklung?

Unsere Reise hat folgende Stationen:

- **Kindheit:** Vorschulzeit (0–6 Jahre) und Schulzeit (6–12 Jahre)
- **Jugend** (12–16 Jahre) und **Adoleszenz** (16–25 Jahre)
- **Erwachsenenalter:** frühes (25–40 Jahre) und mittleres (40–60 Jahre)
- **Alter:** Golden Age (60–80 Jahre) und hohes Alter (80 Jahre bis Tod)

Bei dieser Zeitreise ist Folgendes zu beachten:

- Die erzieherische Absicht der Eltern muss nicht mit der Erfahrung des Kindes übereinstimmen. Beispiel: Die Eltern meinen, sie hätten dem Kind viel Liebe und ein paar klare Anweisungen mitgegeben, wie man sich „anständig" verhalte. Der nun Erwachsene meint jedoch, als Kind die elterliche Liebe vermisst zu haben und stattdessen gemaßregelt worden zu sein mit Etiketten wie „gut" und „böse" …
- Die Werteprägung ist keine fixe Schiene, von der nicht abgewichen werden kann. Als Kinder hatten wir keine Alternativen. In späteren Jahren können wir unsere Werte bewusst verändern. Gemäß dem Spruch: „Wir sind nicht im falschen Zug, weil wir da hineingesetzt wurden, sondern weil wir nicht umgestiegen sind."
- Personalisation und Sozialisation können kaum mehr unterschieden werden, je älter ein Mensch wird. Schwerpunktmäßig kann Folgendes beobachtet werden:
  Personalisation (Entwicklung in den Dimensionen Körper, Psyche, Soziales, Spirituelles)
  - Körperlich: War / bin ich gesund oder hatte ich gesundheitliche Probleme über die Kinderkrankheiten hinaus? War ich früh entwickelt oder eher spät?
  - Psychisch: Wurde ich als Junge oder Mädchen geboren? Wie erlebte ich eine geschlechtsspezifische Erziehung? War / bin ich eher temperamentvoll oder eher schüchtern, eher fröhlich oder nachdenklich? Fühlte ich mich wohl oder unwohl in der Familie und im Schulkontext?
  - Sozial: War / bin ich lieber allein oder in Gesellschaft? War / bin ich ein Leader oder ein/-e Mitläufer*in?
  - Spirituell: War / bin ich religiös im Sinne der staatlich anerkannten Kirchen, der mehr oder weniger bekannten Sekten oder lebte / lebe ich nach eigenen spirituellen Ideen und Philosophien?

  Sozialisation (Entwicklung durch Interaktion in den verschiedenen Lebensbereichen: Familie, Aus- und Weiterbildung, Freund*innen (Peergroup), Vereine etc.)
  - Sozial-politische und historische Epoche: Was geschah in der Welt- und Kommunalpolitik während meines Aufwachsens? Welche Auswirkungen hatte das auf meine Familie und mich?
  - Äußere Bedingungen der Familie: Familiengröße (Geschwister), Finanzen, Wohnort, evtl. Familien-Themen wie Arbeitslosigkeit, Scheidung, Krankheit etc.
  - Wie gestaltete sich mein Verhältnis zu meinen Familienmitgliedern?

- Moralische Erziehung: Handelten meine Eltern selbst auch gemäß dessen, was sie von mir verlangten?
- Meine Peers: War ich integriert in eine Gleichaltrigengruppe? Gab es Vorbilder?

Bei den jeweiligen Reflexionsfragen geht es ausschließlich um die persönliche Erfahrung, d. h., wie habe *ich* dies *damals* erlebt – wie sehe *ich* es *heute,* und nicht: Was meint meine Mutter, was mein Bruder zu meinen Gefühlen von damals und heute. Wichtig ist v. a. der Blick darauf, was mich geprägt hat: meine Werte.

2.2.1 Moralerziehung in der Kindheit

Die Werkeinstellung unseres Navis wurde bereits mit unserer Geburt mitgeliefert: in Form der Werte unserer Vorfahren. Wir werden nicht nur in eine Familie, sondern auch in eine Gesellschaft hineingeboren, in der gewisse Moralvorstellungen herrschen, d. h. ein System von sittlichen Grundsätzen, Werten und Normen. Nun beginnen unsere Eltern mit der Programmierung unseres Navis: Durch ihr Verhalten uns gegenüber vermitteln sie – bewusst oder unbewusst – ihre persönlichen Werte (die auch von der Moral der Gesellschaft abweichen können), sagen uns, was „gut" und „böse" ist und was wir tun oder lassen sollen. Damit wollen sie uns beibringen, wie wir uns verhalten sollen, um in der Gegenwart nicht zu sehr anzuecken und um künftig in der Gesellschaft gut integriert zu sein.

Da die Prägung im **Kindesalter** v. a. unbewusst geschieht, ist sie stark und wirkt lange nach. Und weil es sich in der Regel um eine nicht reflektierte Übernahme eines Systems von Grundsätzen, Werten und Normen handelt, wird hier der Begriff Moralerziehung verwendet und später, wenn es sich um einzelne bewusste Übernahmen handelt, von Werten.

Moralentwicklung geschieht v. a. in der Familie durch Identifikation und Nachahmung. Als Modelle sind die Eltern wichtig, aber die Qualität der Eltern-Kind-Beziehung sowie der elterliche Erziehungsstil entscheiden, wie stark sich Kinder mit ihren Eltern identifizieren und sie nachahmen. Moralische Entwicklung im Kleinkindalter bedeutet, dass erlaubt ist, was nicht bestraft wird, d. h., als Kind gehorchen wir den Autoritäten, um Strafe zu vermeiden. Was aber, wenn die Eltern selbst etwas anderes machen, als sie uns gepredigt haben? Was dürfen Eltern, was die Kinder nicht dürfen?

Erste Werte-Erfahrungen können folgende sein: Vertrauen – Misstrauen, Hoffnung – Enttäuschung, Selbstständigkeit – Abhängigkeit, Angst – Mut, eigener Wille – fremder Wille, Scham, Schuld, Zweifel. Im Spielalter (mit ca. 4–5 Jahren) ist v. a. „tun als ob“ wichtig. In Rollenspielen (Familie, Polizist*in, Bauer / Bäuerin, Lehrer*in …) wird das Leben geprobt. Die verschiedenen Rollen repräsentieren auch Haltungen und verschiedene Werte.

Schulalter: Zwischen sechs und zwölf Jahren wird eine neue Sozialisationsinstanz wichtig: die Schule mit Lehrpersonen und Mitschüler*innen. In den ersten Schuljahren beginnen wir, auf gerechten Austausch zu achten: „Wie du mir, so ich dir“, „Was du nicht willst, was man dir tu‘, das füg‘ auch keinem andern zu.“ Nun erkennen wir, dass Moral im Zusammenhang mit der aktuellen Situation steht. Die Kinder wägen ab, ob eine Handlung mit oder ohne Absicht ausgeführt wurde, und berücksichtigen zunehmend auch die möglichen Folgen ihrer Handlungen.

In der Schule werden Werte durch Unterrichtsinhalte, Lehrerpersönlichkeiten und Mitschüler*innen vermittelt. Und dann sind da noch die „heimlichen Miterzieher“ resp. der „heimliche Lehrplan“: Darf man lügen und stehlen, wenn man nicht entdeckt wird? Oder wie funktionieren wertvolle Freundschaften oder fieses Mobbing … Die Peers (Gleichaltrige) spielen eine zunehmend wichtigere Rolle, die Kids nehmen immer öfter eine Gruppenperspektive ein. Wir lernen bereits als Kinder, Rücksicht auf andere Menschen zu nehmen – oder uns durchzusetzen.

Folgende Werte werden in diesem Alter wichtig: Anerkennung, Aussehen, Sportlichkeit, Interessen, Motivation, Kreativität, Freude etc. – Werte in Bezug auf alle Dimensionen, v. a. im Vergleich mit den anderen Kindern.

Das Sozialverhalten im Kontakt mit Peers wird bestimmt von: „wir“ gegen „sie“, Teamgeist, Bewusstsein von Recht und Unrecht etc.

REFLEXION

Moralentwicklung in meiner Kindheit (Prägung meines Navis)

Weltgeschehen

Wie war die Situation: sozial, politisch, ökonomisch …?
Was geschah damals?
Inwiefern war meine Familie betroffen? Was habe ich davon bemerkt?

Meine Familie

Was war das Spezielle meiner Familie?
Welche Werte galten?

Personalisation / Sozialisation

Kleinkind

- Welche Werte galten bei Vater, welche bei Mutter?
- Was war erlaubt, was verboten? Wie straften oder belohnten mich meine Eltern? Unterschied sich die Erziehung von uns Geschwistern?
- Geschlechtsspezifische Erziehung: Galten für Mädchen und Jungen unterschiedliche Vorschriften, unterschieden sich Lob und Strafe?
- Wann habe ich das erste Mal gemerkt, dass anderswo andere Werte galten als bei mir zu Hause? Was war das konkret? Wie war das damals für mich?

Schulkind

- Welche Wertunterschiede Elternhaus – Schule bemerkte ich und wie ging ich damit um?
- Und die Mitschüler*innen: Welche Werte vertraten sie?
- Wie hielt ich es mit „Bravsein“? Wie mit Lügen, Stehlen, Gemeinheiten gegenüber anderen?
- Welche Rolle hatte ich in der Klasse? Wurde ich gemobbt? Habe ich andere verraten oder gemobbt?

Reflexion der Werte

Welche Werte haben mich damals geprägt?
Welche Werte sind mir heute noch wichtig?
Welche Werte habe ich „abgelegt“?

2.2.2 *Werte in Jugend und Adoleszenz*

Während des **Jugendalters** orientieren wir uns immer weniger an den Eltern und immer mehr an den Peers. Welcher Einfluss größer ist – der der Eltern oder der der Peers –, ist schwer zu sagen: Die Einflüsse sind zu verschiedenen Zeiten unterschiedlich ausgeprägt. Da sich Werthaltungen in Jugend / Adoleszenz aber bewusster entwickeln, kann der Peer-Einfluss mitunter stärker sein, was dann oft auch zu Konfrontationen mit den Eltern führt.

Jugend, die wichtigste Zeit der Identitätsfindung: In der Zeit von zwölf bis 16 Jahren geht es darum herauszufinden, wer wir wirklich sind. Die wichtigsten Themen dieser Phase: körperliche Entwicklung, Geschlechterrollenübernahme, emotionale Unabhängigkeit von den Eltern, Peers, Freund*innen, Freundschaft, Partnerschaft, Sex, Freizeit, Outfit, Vorbereitung auf Schul- oder Berufskarriere etc. – eine aufregende Zeit (für alle Beteiligten).

Adoleszenz: In der Zeit von ca. 16 bis 25 Jahren steht die Differenzierung der Identität im Vordergrund. Es geht um Nähe und Distanz und um Werte wie Treue sich selbst und anderen gegenüber. Es ist die Zeit, in der die Ausbildung (Berufslehre oder Studium) abgeschlossen wird und die Integration in die Arbeitswelt mit ihren Normen und Werten beginnt. Ebenso findet in dieser Zeit eine Abnabelung vom Elterhaus statt sowie die Hinwendung zur Partnerschaft und evtl. bereits eine Familiengründung.

Nun wird die Gesellschaftsperspektive aktuell: Regeln, Gesetze, Pflichten einhalten – damit stellen sich auch Wertefragen zu den Themen Gesellschaft, Recht, Politik, Wirtschaft etc.

In dieser Zeit sind viele hin- und hergerissen zwischen den Anforderungen der Leistungsgesellschaft einerseits und den Anreizen der Konsum- und Erlebnisgesellschaft andererseits. Ein weiteres Spannungsfeld ergibt sich zwischen dem Auskosten der Jugendzeit mit all ihren Freiheiten und der Übernahme von Verantwortung.

Die Werte in dieser Phase werden zunehmend differenzierter. Sie lassen sich am Selbstbild der Person ablesen und an ihrem Verhalten: geschlechtsspezifisches Verhalten, Humor, Mitgefühl, Fairness, Flexibilität, Idealismus, Unabhängigkeit, Entscheidungsfreudigkeit, Beharrlichkeit, Sorgfalt …

REFLEXION

Meine Werte in Jugend und Adoleszenz

Weltgeschehen	Wie war die Situation: sozial, politisch, ökonomisch ...? Was geschah damals? Inwiefern wurde meine Familie betroffen? Was habe ich davon bemerkt?
Meine Familie	Was war das Spezielle meiner Ursprungsfamilie? Welche Werte galten?
Personalisation / Sozialisation	**Jugend** ■ Was war peinlich oder „scheiße"? ■ Werte der Eltern, Erwachsenen ... – und meine? ■ Peers: Was war cool? Werte der Peers? Vorbilder, Stars, Influencer? ■ Welche Jugendkultur entsprach mir – welche lehnte ich ab? ■ Geschlechtsrolle: Wie wertvoll waren für mich das eigene und das andere Geschlecht? Empfand ich Unterschiede bezüglich Ausdrucksmöglichkeit, Macht und Prestige? **Adoleszenz** ■ Ursprungsfamilie: abgenabelt oder abhängig („Hotel Mama")? ■ Konnte ich die „Erziehungsfehler" der Eltern aufarbeiten? ■ Welche Werte erkannte ich in der Ausbildung (Berufslehre, Studium)? ■ Einstieg in den Berufsalltag / Weiterbildung: Welche Werte entsprachen den meinen, welche nicht? ■ Wie wollte ich die Welt verändern in Bezug auf Politik, Wirtschaft, Gesellschaft, Recht etc.? ■ Welche gesellschaftlichen Themen belasteten mich? ■ Wofür wollte ich mich engagieren?
Reflexion der Werte	Welche Werte haben mich geprägt? Welche Werte sind mir heute noch wichtig? Welche Werte habe ich „abgelegt"?

2.2.3 *Werte im Erwachsenenalter*

Frühes Erwachsenenalter: In der Lebensphase von ca. 25 bis 40 Jahren werden Intimität und Solidarität wichtig, d.h., es geht um Liebe und Partnerschaft. Weitere Themen sind Berufskarriere und Familiengründung.

Die Werte differenzieren sich weiter – bewusst oder unbewusst – durch Interaktion mit der Umwelt. Auch Wertekonflikte tauchen auf (z.B. Müssen demokratische Regeln gebrochen werden, wenn Menschenrechte nicht eingehalten werden?) Fundamentale ethische Prinzipien sind gefragt wie etwa Kants kategorischer Imperativ: „Handle nur nach derjenigen Maxime, durch die du zugleich wollen kannst, dass sie ein allgemeines Gesetz werde." Oder vereinfacht als Volksweisheit: „Was du nicht willst, was man dir tu', das füg' auch keinem andern zu."

Mittleres Erwachsenenalter (ca. 40–60 Jahre): Oft wird diese Stufe Generativität genannt, d.h., es geht um Fürsorge für andere, meist um die eigene Familie. Aber Generativität ist weitergefasst. Generativ können sich auch Menschen verhalten, die keine eigenen Kinder haben, sondern sich beruflich oder privat für die nächstfolgende Generation einsetzen. Die Selbstentfaltung geht weiter – auch ohne Herausforderung durch eigene Kinder.

Frisch gebackene Eltern stehen oft vor der Frage, wann Erziehung eigentlich beginnt und was jetzt richtig oder falsch ist. Ab wann beginnen Verwöhnung des eigenen Kindes und Überbehütung? Bald folgt die Einführung des Nachwuchses in die Gesellschaft: Händchen geben, „bitte" und „danke" sagen etc. Und schon sind wir Eltern zu „Programmierern" des Navis unserer Kinder geworden! Wir vermitteln ihnen ein Wertefundament – bewusst oder unbewusst –, bestehend aus *unseren* Werten. Mit diesem von uns programmierten Kinder-Navi starten unsere Kids ins Leben, bis sie merken, dass ihnen ein Kinder-Navi in ihrer komplexen Welt nicht mehr hilft … Dann beginnen sie, ihr Navi upzudaten mit ihren eigenen Werten.

Für ihre erste Orientierung ist das Kinder-Navi aber notwendig. Wichtig ist dabei, *wie* wir das Navi unserer Kinder programmieren, d.h. mit welchen Werten und über welche Art der Wertevermittlung. Handeln wir in dem Bewusstsein, dass wir auf Basis einer Erziehung, die im Gestern liegt, unsere Kinder im Heute erziehen für deren Zukunft. In welcher Zukunft sie leben werden, können wir nicht wissen, aber was wir ihnen an Beziehung und Werten mitgeben, wird sie stärken (oder schwächen).

Und: Nicht nur wir Eltern helfen unseren Kindern zur Entfaltung, sondern unsere Kinder verhelfen auch uns zur weiteren Entfaltung und Differenzierung unserer Werte etc.

Wertequellen sind neben Partnerschaft, Elternschaft und Familie in dieser Zeit Arbeit / Job / Karriere sowie Alltagsbewältigung, Freizeit und soziale und politische Handlungs- und Werteräume. Nach wie vor sind folgende Werte wichtig und differenzieren sich: Selbstwert, Prestige, Authentizität, Empathie, Fürsorglichkeit, Geduld, Loyalität, Sicherheit, Verantwortung …

REFLEXION

Meine Werte im Erwachsenenalter

Weltgeschehen

Wie ist / war die Situation: sozial, politisch, ökonomisch …?
Was geschieht / geschah damals?
Inwiefern ist / war meine Familie betroffen?

Personalisation / Sozialisation

Frühes Erwachsenenalter

- Habe ich neue Werte erkannt oder alte modifiziert?
- Wie ergeht / erging es mir mit verschiedenen Partner*innen in Bezug auf Wertesysteme? Wie konnten wir uns einigen bei Differenzen?
- Lebe ich nach der Volksweisheit: „Was du nicht willst, was man dir tu', das füg' auch keinem andern zu"?

Mittleres Erwachsenenalter

- Bin ich Single oder habe ich eine/-n Partner*in und Familie bzw. möchte ich in Partnerschaft oder in Familie leben?
- Wie lebe ich „Generativität" mit eigenen Kindern / ohne eigene Kinder?
- Wie wichtig ist mir die Entfaltung der eigenen Werte?
- Welche Werte möchte ich (meinen) Kindern weitergeben?
- Was verändert sich für mich durch Mutterschaft / Vaterschaft?
- Wie beeinfluss(t)en mich meine Kinder?

Reflexion der Werte

Welche Werte haben mich geprägt?
Welche Werte sind mir heute noch wichtig?
Welche Werte habe ich „abgelegt"?

2.2.4 *Werte im Alter*

Gibt es noch eine Entwicklung im Alter? Aber ja! Leben ist ein ständiger Auf-, Ab- und Umbauprozess in allen Dimensionen (körperlich, psychisch, sozial, spirituell) – und damit ergeben sich auch Impulse für die Werte-Entwicklung.

Der Blick auf diese Lebenszeit unterstützt uns bei der Betrachtung der gegenwärtigen Werte, denn der Mensch entwickelt sich (und seine Werte) von der ersten bis zur letzten Stunde seines Lebens.

Das **dritte Alter** ist eine aktive Zeit nach Renteneintritt (ca. 60–80 Jahre), oft auch Golden Age genannt. In dieser Lebensphase geht es um Integrität, d. h. darum, zu erkennen, wie man geworden ist, und zu wissen, dass man einmal nicht mehr sein wird. Bei einem Lebensrückblick werden frühere Ereignisse und eigenes Verhalten bewusst(er). Vielleicht hätte man auch anders handeln können …? Vielleicht denkt man auch über die eigenen Haltungen und Werte nach. Die Werte differenzieren sich weiter und neue kommen aufgrund der Interaktion mit der Umwelt hinzu. Großeltern und Enkel beeinflussen sich gegenseitig ebenfalls in der Wertehaltung. Vielleicht finden sich bei Golden Agern (ob mit oder ohne Enkel) die Werte, die man dem Alter zuschreibt: Großzügigkeit, Gemütlichkeit, Intuition, Weisheit, → Würde …

Viertes Alter: In der letzten Lebensstufe (ca. 80 bis Tod) ist das Thema Transzendenz zentral, d. h. eine *ars moriendi* (lat. für „die Kunst des Sterbens"), indem man sich bewusst ist, dass das eigene Ich bald nicht mehr existiert. Mögliche Aussagen in dieser Lebensphase sind: „Meine Eltern haben mir mein ganzes Leben verpfuscht", „Wenn ich noch einmal jung wäre, dann …", „Ich habe ein erfülltes / spannendes / schönes Leben gehabt".

REFLEXION

Meine Werte im Alter

Weltgeschehen	Wie könnte die Situation sein: sozial, politisch, ökonomisch …?
Personalisation / Sozialisation	**Alter** (dritte und vierte Lebensphase) Welche Entwicklungsmöglichkeiten sehe ich für mich im Alter? Was gibt mir Halt und Trost, wenn ich an mein Sterben denke?
Gedankenexperiment	Wenn ich aus einer höheren Ebene auf mein Leben zurückblicke: Was ist die Essenz, der Sinn, der Wert meines Lebens?

2.3 Das Kinder-Navi und seine Folgen

Das Kinder-Navi mit den Werten, die unsere Erzieher*innen uns vermittelten, zeigt auf, was als „richtig" oder „falsch" (früher auch „gut" oder „böse") bezeichnet wurde. Die Missachtung dieser Werte oder Benimm-Regeln hatte – je nach elterlichem Erziehungsstil – Konsequenzen: Ermahnungen, Tadel, Strafen, Beschämungen etc. Die ehemaligen Erzieher*innen wollten damals dafür sorgen, dass wir keine Werte missachteten, keine Grenzen überschritten oder uns in Gesellschaft nicht unmöglich benahmen. Einst gehorchten wir den echten Stimmen dieser Autoritätspersonen, weil uns nicht viel anderes übrig blieb, wenn wir uns deren Liebe erhalten wollten. Als Kinder haben wir durch das Wissen, etwas Falsches („Böses") getan zu haben, ein schlechtes Gewissen bekommen und Schuld- und Schamgefühle entwickelt: Schuldgefühle, wenn wir uns für eine Tat schämten, sonst aber o.k. zu sein glaubten. Schamgefühle hingegen resultierten aus der Abwertung der ganzen Person, z. B. wenn wir uns herabgewürdigt, missverstanden oder bei etwas ertappt fühlten – und Angst hatten vor Gesichtsverlust.

Mit der Zeit haben wir die kritischen Erzieher*innen-Stimmen verinnerlicht, d. h., wir bekamen automatisch, auch ohne elterliche Ermahnung, ein schlechtes Gewissen, wenn wir uns nicht an die Wert-Vorgaben hielten. In unserem Inneren ertönte eine Stimme: „Stell dich nicht so an, das tut doch nicht weh!" oder „Peinlich, wie du dich wieder danebenbenommen hast!" Diese Stimmen aus dem Werte-Navi aus Kindertagen existieren teilweise noch heute – in unserem Erwachsenenleben – in uns und tönen wie einst der wütende Vater oder die besorgte Mutter … Oft sind sie noch überzeichneter, gehässiger, demütigender als diejenigen der damaligen Personen, von denen wir diese Stimmen übernommen haben. Auch heute noch verteidigen diese inneren Stimmen die Werte und Benimm-Regeln aus unseren Kindertagen und sanktionieren uns bei Zuwiderhandlung mit miesen Gefühlen. Mit ihren Botschaften wollen sie auch heute noch Pleiten, Pech und Pannen verhindern.

REFLEXION

Die Folgen des Kinder-Navis für mich

- An welche Sanktionen für Fehlverhalten in Kindheit und Jugend erinnere ich mich noch?
- Wie empfand ich damals – und heute – die Sanktionen auf die Missachtung der Werte meiner Erzieher*innen?
- Erinnere ich mich noch an frühe Schuld- und Schamgefühle?

Die einstigen Werte (Kinder-Navi) wurden über direkte Sanktionen oder durch das schlechte Gewissen (Stimmen des Kinder-Navi) durchgesetzt. Diese Stimmen des Kinder-Navis (Gewissensstimme) konnten damals – und auch heute noch! – unseren Selbstwert beeinträchtigen.

Die Frage stellt sich nun: Wollen wir uns weiterhin an unseren einstigen Kinder-Werten orientieren und wollen wir weiterhin die Konsequenz eines schlechten Gewissens tragen, wenn wir Werte missachten, die gar nicht mehr die unsrigen sind?

3. Selbstbestimmt statt fremdbestimmt

„Unsere innere Werteskala sollte regelmäßig neu geeicht werden."

(Helmut Glassl)

Ins Kinder-Navi, einst praktisch zur Orientierung in einer einfachen Welt, haben wir laufend neue Werte integriert. Ist uns dieses Sammelsurium im Erwachsenenleben noch hilfreich? Für die Umsetzung der Kinderwerte gab's einst Lob und Tadel und wir verinnerlichten die Ge- und Verbote sowie Beschimpfungen als unsere Gewissensstimme. Diese Stimme konnte nervig und auch verletzend sein – und beeinträchtigte unser Selbstwertgefühl. Um von dieser Fremdbestimmung zur Selbstbestimmung zu gelangen, nehmen wir Abschied vom Kinder-Navi und seinen Folgen (Abschnitt 3.1).

Danach kümmern wir uns in Abschnitt 3.2 um den Selbstwert, unseren wichtigsten Wert, und wie sich dieses wertvolle Gefühl (oder: dieser gefühlvolle Wert) positiv beeinflussen lässt, sodass wir aufrichtig sagen können: Ich bin o.k. – du bist o.k.

In Abschnitt 3.3 beschäftigen wir uns zuerst mit Werten im persönlichen Bereich. Wie frei können wir unsere individuellen Werte wählen? Und wie managen wir diese Werte? Danach wenden wir uns in Abschnitt 3.4 den Werten im sozialen Bereich zu: Wie sozialverträglich sind die andern – und wir? Wie handeln wir Werte aus? Das WERTE-Interaktionsmodell und der WERTE-Schieberegler unterstützen uns dabei.

3.1 Abschied vom Kinder-Navi

Der Rückblick auf Kindheit und Jugend zeigt auf, wie unser inneres Navi von den Eltern und anderen Bezugspersonen auf die umgebende Gesellschaft programmiert wurde. Während unserer Jugend- und Adoleszenzzeit haben wir unser Navi zusätzlich mit selbst erwählten Werten bestückt. Das kann zu einem Sammelsurium passender und weniger passender Werte führen. Im Erwachsenenalter wird es daher Zeit, sich bewusst mit seinen Werten auseinanderzusetzen – und dies nicht nur während einer schwierigen Lebenssituation oder ausgelöst durch den sozialen Wandel, sondern auch im ganz normalen Alltag.

Die Frage, ob sich so ein inneres Kinder-Navi erwachsenengerecht umprogrammieren lässt, muss aufgrund unserer komplexen Welt verneint werden. Um die Komplexität und die Gegenwart selbstbestimmt und authentisch zu bewältigen, ist ein bewusstes und differenziertes Werte-Management gefordert und nicht ein unbewusstes Kinder-Navi, das Werte sortiert nach „gut" und „falsch" („böse"). Diese Kompetenz zur Lebensbewältigung wird umso wichtiger, je komplexer unser Lebensumfeld und die Entscheidungssituationen aufgrund der unzähligen Optionen werden. Es gilt also, Abschied zu nehmen vom Kinder-Navi – und auch von seinen Folgen.

Dabei werfen wir das Kinder-Navi nicht einfach weg, denn alles Verdrängte stört bekanntlich immer wieder mal in der einen oder anderen Form. Nein, wir betrachten – und würdigen – es noch einmal, indem wir sowohl die Werte als auch die Werte-Vermittlung kritisch hinterfragen. Abschied von den Werten des Kinder-Navis kann somit bedeuten, sich noch einmal zu vergegenwärtigen, welche Werte in diesem Navi gespeichert sind. Zu Erkenntnissen verhilft uns die virtuelle Reise in die Vergangenheit. So können wir erkennen, welche Werte wir beibehalten, welche wir modifiziert und welche wir „abgelegt" haben:

REFLEXION

Werte aus meinem Kinder-Navi

- Welche Werte habe ich genau so beibehalten, wie sie mir vermittelt worden sind? Warum?
- Welche der vermittelten Werte habe ich mehr oder weniger modifiziert und orientiere mich heute noch daran? Warum und wie habe ich sie modifiziert?
- Welche der vermittelten Werte habe ich aufgegeben? Warum?
- Gibt es noch Werte aus dem Kinder-Navi, die ich berücksichtigen muss, bevor ich das Kinder-Navi weglege?

Hielten wir uns als Kinder nicht an die Werte, die uns mitgegeben / aufgedrängt wurden, folgten Sanktionen. So haben wir die Aussagen der ehemaligen Erzieher*innen im Laufe der Zeit verinnerlicht. Diese inneren Stimmen wurden zu Gewissensstimmen, die uns ermahnten, lobten, schimpften. Das Gewissen aus der Kinder-Navi-Zeit belohnte uns mit guten Gefühlen für „gute" Taten und bescherte uns schlechte Gefühle für „schlechte" Taten. Während das gute Gewissen uns Wohlbefinden, gute Laune, Energie schenkte, vermieste uns das schlechte Gewissen den Alltag durch aufkommende Unzufriedenheit, Schuld- und Schamgefühle und es nagte letztlich auch am → Selbstwert.

Sicher ist während des virtuellen Lebensrückblicks aufgefallen, *wer* welche Werte vermittelt hat, *wie* diese vermittelt wurden und *welche* Konsequenzen bei deren Missachtung folgten. Wenn wir heute noch eine abwertende innere Gewissensstimme vernehmen, die sagt „Das tut man nicht!" oder „Schäm dich!", können wir darin einen Rest aus dem ehemaligen Kinder-Navi erkennen. Wollen wir uns für Werte, die nicht mehr die unsrigen sind, belästigen lassen? Diese nörgeligen Stimmen können wir abstellen, wenn sie alte Kinder-Werte durchsetzen wollen. Bei Unsicherheit lohnt es sich, nochmals über die einstigen Werte nachzudenken und sie ggf. zu modifizieren. Falls Gewissens-Stimmen aus dem Kinder-Navi weiterhin störend auftauchen, können sie mit den Tipps aus Abschnitt 5.2.3 bearbeitet werden.

REFLEXION

Meine Gewissensstimmen aus dem Kinder-Navi

- Wie, wann, wo äußert sich mein schlechtes Gewissen?
- Erkenne ich Stimmen aus dem (Ex-)Kinder-Navi?
- Was sagen diese Stimmen genau?
- Wer hat früher, in meiner Kindheit, so mit mir gesprochen oder mir implizit zu verstehen gegeben, dass ...?

Der Schritt von der Fremdbestimmung zur Selbstbestimmung kann eine große Herausforderung sein. Die Überarbeitung früherer Werte, der inneren Stimmen und des eventuell noch ramponierten Selbstwertgefühls ist dabei ein erster Meilenstein. Der zweite Meilenstein sind die Wahl und die Realisierung der eigenen (neu) gewählten Werte. Der dritte ist der adäquate Umgang mit den eigenen Werten und allfälligen Realisierungsproblemen. Bei all diesen Schritten kann uns der innere Coach unterstützen. Dieser innere Coach ist kein Ersatz für das Kinder-Navi, sondern eine selbst kreierte innere Stimme, mit der wir in Dialog treten können und die uns unterstützt. Diesen patenten Helfer lernen wir in Kapitel 6 kennen – wenn wir selbstständig die drei Meilensteine erreicht haben und selbstbewusst bestimmen können, ob und wie wir seine Hilfe in Zukunft in Anspruch nehmen wollen.

3.2 Selbstwert und Selbstwertpflege

Nach dem virtuellen Lebensrückblick stellt sich die Frage: Was ist der wichtigste Wert für einen Menschen? Gesundheit, Wohlstand, Glück? Vielleicht. Einer der wichtigsten, wenn nicht sogar *der* wichtigste ist jedoch der Selbstwert, d. h. der Wert, den wir uns selbst zuschreiben, die Art, wie wir uns selbst bewerten und die sich in unseren Gedanken, Gefühlen und in unserem Verhalten manifestiert. Unser Selbstwertgefühl beeinflusst unser ganzes Leben, unsere anderen Werte, unseren (Lebens-)Sinn und unser Bewusstsein. Dazu meint der Philosoph Richard D. Precht: „Stärker als alle Lebensumstände, Zufälle und Schicksalsschläge kommt es darauf an, dass man sich selbst als Mensch für wertvoll hält. Und dass man sich seiner selbst als würdig erweist“ (Precht, 2010, S. 167).

Selbstwert (auch Selbstwertgefühl, Selbstwertschätzung, Selbstachtung) bezeichnet die Bewertung des Bildes von sich selbst (Selbstbild, Selbstkonzept) und ist damit die zentrale Einschätzung der eigenen Person. Weitere Begriffe, die z. T. synonym verwendet werden, Aspekte des Selbstwerts sind oder diesen bedingen, lauten: Selbstvertrauen, Selbstsicherheit oder Selbstbewusstsein. Die Entwicklung und Beeinflussung des Selbstwertgefühls beginnen bereits in der Kindheit. Kleine Kinder beurteilen sich selbst aufgrund der elterlichen Aussagen als „gut“ oder „schlecht“. Mit zunehmender Reife differenziert sich die Eigenbeurteilung und damit das Selbstwertgefühl. Auch im Erwachsenenleben ist das Selbstwertgefühl Schwankungen unterworfen, abhängig auch vom Urteil anderer und von speziellen Lebenssituationen (Erfolge / Misserfolge, Sozialprestige, Karriere / Arbeitslosigkeit etc.)

Studien haben ergeben, dass das Selbstwertgefühl vom Jugendalter bis ins mittlere Erwachsenenalter ansteigt, wobei es im Alter von etwa 50 Jahren den höchsten Wert erreicht und sich dann verringert durch die zunehmenden Verluste, die das Alter mit sich bringt.

Der Selbstwert ergibt sich einerseits aufgrund Selbstbeobachtung, Fremdbeobachtung und sozialen Feedbacks. Wir beeinflussen unseren Selbstwert durch die Selbstbeurteilung unserer Person – im Vergleich mit anderen Menschen in Bezug auf Aussehen, Fähigkeiten, Verhalten, Besitz ... Es handelt sich um Einschätzungen und Vorstellungen, die nicht mit den Tatsachen übereinstimmen müssen. Selbstwertgefühle weisen eine große Bandbreite auf: von Selbsthass, Depression, Minderwertigkeitsgefühlen, Selbstakzeptanz oder Egomanie bis zu Narzissmus.

Ein gutes Selbstwertgefühl zu haben bedeutet nicht, ein Egoist zu sein. Während ein Egoist vor allem nur an sich und sein Image denkt und Empathie kaum kennt, empfinden Menschen mit gutem Selbstwert innere Zufriedenheit, sind empathisch und kooperativ. Sie kennen und schätzen auch den Fremdwert (Wertschätzung anderer) und haben es nicht nötig, sich auf Kosten anderer zu profilieren und diese abzuwerten. Eine gute Formel für ein gesundes Selbstwertgefühl bietet die sogenannte → Transaktionsanalyse mit dem Slogan: Ich bin o. k. – du bist o. k.

Im Fall eines schwachen Selbstwertgefühls können quälende Gedanken („Ich kann nichts!“, „Ich bin nicht gut / schön / intelligent ... genug!“) das Dasein vermiesen. Dann traut sich der oder die Betroffene eventuell nicht, die eigenen Werte zu leben – und fühlt sich gerade dadurch noch mieser, noch wertloser. Aufgrund eines mangelnden Selbstwertgefühls die eigenen Werte nicht zu leben ist wie ein Bumerang, denn dadurch wird das Selbstwertgefühl noch weiter reduziert. Die Abwärtsspirale (mangelndes Selbstwertgefühl – Werte nicht leben [können] – weiter reduziertes Selbstwertgefühl) kann durch die folgenden Schritte gestoppt werden. Überlegen Sie, inwiefern Sie betroffen sind und wie Ihnen die folgenden Schritte nützlich sein können.

Stopp Abwärtsspirale mangelndes Selbstwertgefühl

1. Ein schwaches Selbstwertgefühl *erkennen,* z. B. in folgenden Überzeugungen: Ich glaube, weniger gut als andere zu sein, habe Angst vor Ablehnung und bin ständig um Anerkennung bemüht. Ich fühle mich immer wieder als „zu kurz gekommen", sehe überall Probleme, meine, alles erkämpfen zu müssen, und habe Angst vor dem Versagen in wichtigen Situationen …
2. Nach dem Erkennen folgt das *Eingestehen* des mangelnden Selbstwertgefühls:
   - Worin fühle ich mich minderwertig, wo anderen ebenbürtig und wo „besser" als andere?
   - Was sind Auslöser, um mich minderwertig zu fühlen?
   - Durch wen habe ich Abwertung erfahren?
   - Machen mich „innere Kritiker" fertig, gehorche ich immer noch fremden Werten?
3. Und dann folgt der *Stopp:* Was früher war, hat mich zwar geprägt, ist aber nun vorbei: Ich übernehme selbst die Verantwortung für mein Selbstwertgefühl und pflege dieses.
4. *Selbstwertgefühl verbessern:* Nun wird die Negativspirale in eine Positivspirale umgekehrt, und zwar durch Selbstwertpflege.

Selbstwertpflege

Durch Beachtung der folgenden Aspekte lässt sich das Selbstwertgefühl positiv beeinflussen, und zwar ganz ohne zwanghaftes Positiv-Denken oder Schönfärberei. Allenfalls können Sie sich mit einem der vielen diesbezüglichen Ratgeber vertiefter auseinandersetzen oder auch Unterstützung in einem persönlichen Coaching finden.

Selbstkonzept (Selbstbild): Wer bin ich? Was ist mir wichtig, *wert*voll, sinnvoll? Wie unterscheide ich mich von anderen? Ich muss nicht alles können, was andere können – denn diese meistern auch nicht alles, was ich meistere. Ebenso muss ich nicht alles haben, was andere haben, muss nicht sein wie die andern …

Selbstannahme / Selbstachtung: Was sind meine Stärken, was sind meine Schwächen? Nobody is perfect! Den eigenen Wert schätzen lernen: Mich selbst ebenso einzigartig und liebenswürdig sehen, wie ich meine Freund*innen sehe. Ich bin mir selbst der / die beste Freund*in! Auch meine Werte sind wertvoll! Ich schätze, was ich bin und was ich habe.

Selbstvertrauen und Selbstwirksamkeit: Ich kann etwas bewirken und mich einbringen – ich sorge gut für mich und anerkenne auch meine Grenzen. Ich stelle mich den Herausforderungen des Lebens und bewältige sie, so gut wie ich im Moment dazu fähig bin.

Selbstverwirklichung (Selbstrealisierung): Ich pflege bewusst mein Werte-System und bemühe mich, gemäß meinen Werten zu leben. Ich verwirkliche mich selbst, indem ich meine eigenen Talente auslebe, das eigene Potenzial ausschöpfe und dadurch der „inneren Bestimmung“ näher komme.

Wichtig: Selbstverwirklichung nicht mit Selbstinszenierung und Selbstoptimierung verwechseln!

Selbstkontrolle und Selbststeuerung: Diese bedingen manchmal ein Training in Frustrationstoleranz, d. h. gegenwärtig auf etwas zu verzichten zugunsten einer späteren besseren Lösung.

Selbstverantwortung: Ich übernehme die Verantwortung für meine Lebensgestaltung entsprechend meinen Möglichkeiten und fühle mich nicht als armes Opfer, das keine Handlungsalternativen hat. Ich übernehme die Verantwortung für mein eigenes Wohlbefinden und delegiere diese Verantwortung nicht anderen (Partner*innen, Freund*innen).

Selbstfürsorge: Ich pflege achtsam meine Ressourcen – nach dem Motto: „Ich tu mir Gutes, weil ich es mir wert bin.“ Ressourcen finden sich in all unseren Dimensionen (vgl. Abschnitt 1.2), sie sind unsere Kraftquellen. Zu den Ressourcen zählen auch unsere Fähigkeiten, Fertigkeiten, Kenntnisse, Erfahrungen, Talente, die uns zur Verfügung stehen und mit deren Hilfe wir unser Leben meistern können. Auch überwundene Probleme können zu Ressourcen werden.

Tipp: Eine Liste erstellen mit Tut-mir-gut-Dingen – für den Fall, dass es mir mal mies geht und ich aus dieser Stimmung nicht herausfinde. Bevor sich das miese Gefühl einnistet, betrachte ich die Liste und wählte das aus, was mir im Moment guttut: Bewegung, Massage, Musik, Kreativität, gepflegtes Essen mit und ohne Gäste, Meditation, Kontemplation, Rituale … Mittlerweile gibt es unzählige Anleitungen, Informationen sowie CDs und DVDs zu diesem Thema.

Ausgerechnet freundliche, sympathische, bewusst lebende, (selbst-)kritische Menschen mit einer großen Portion Sozialverträglichkeit können unter einem mangelnden Selbstwertgefühl leiden. Oft vergessen diese Menschen, was sie bereits alles bewältigt und erreicht haben und wie sehr sie gemocht und geliebt werden von ihren Nächsten.

3.3 Werte im persönlichen Bereich

Der Schritt von der Fremdsteuerung des Kinder-Navis zu der Selbststeuerung im Erwachsenenalter führt direkt zur Frage des freien Willens. Unter freiem Willen versteht man die Möglichkeit und Fähigkeit, bei verschiedenen Optionen eine bewusste Entscheidung zu treffen, d.h., wir könnten in einer bestimmten Situation auch anders handeln, wenn wir wollten. Die Konsequenz des freien Willens ist die Verantwortungsübernahme für die eigenen Handlungen.

3.3.1 Freier Wille – freie Wertewahl?

Philosoph*innen streiten darüber, wie umfassend die → Willensfreiheit ist:

Unbedingte Willensfreiheit besteht nur dann, wenn gar nichts (keine → Gene, keine → Meme, keine Abhängigkeiten, kein Gewinn etc.) den Willen beeinflusst. Im Extremfall würde eine Entscheidung dem reinen Zufall entsprechen. Aber ob das noch freier Wille wäre? Diese Extremposition ist logischerweise gar nicht möglich.

Bedingte Willensfreiheit: Eine Person handelt aufgrund ihrer persönlichen Motivation und Befindlichkeit. Sie kann entsprechend ihre Entscheidung fällen. Welcher der verschiedenen Motivationen und Wünsche dann zum Handeln führt, hängt von der Person und der Situation ab. In diesem Fall spricht man auch von Handlungsfreiheit.

Keine Willensfreiheit: Deterministen betrachten alles als vorherbestimmt durch zuvor stattgefundene Ereignisse und Entscheidungen. Sie behaupten, unter den exakt gleichen Bedingungen müssten zwingend die genau gleichen Handlungen erfolgen, d.h., der Mensch ist nicht verantwortlich, sondern die Umstände. Diese Haltung könnte fatale Folgen für Gesellschaft und Recht haben. Wer die Verantwortung von sich weist mit der Entschuldigung, seine Gene, seine Erziehung oder die Gesellschaft hätten ihn verleitet, vergisst, dass diese Aspekte nur ein Teil seiner viel dimensionalen Ganzheit sind.

Willensfreiheit neurologisch betrachtet

Der Arzt, Neurobiologe und Psychotherapeut Joachim Bauer (2015) weist auf zwei neurobiologische Komponenten hin: das unbewusste Triebsystem und das bewusste Kontrollsystem. Diese beiden Systeme nehmen auch Einfluss auf unsere Wertewahl. Das Triebsystem erkennt sofort Werte für das eigene Wohlbefinden (z.B.

Bequemlichkeit, Spaß, Vergnügen etc.) und das Kontrollsystem erkennt Werte, die sich für Zielerreichung eignen (z. B. Interesse, Motivation, Fleiß, Disziplin, Verantwortung …). Wer gewinnt wohl?

Triebsystem (Bequemlichkeitszone, lokalisiert im Hypothalamus)
Dieses Lust- / Angst-System fordert die triebhafte Befriedigung der Bedürfnisse, und zwar automatisch und sofort. Hauptaufgabe dieses Systems: Für einen gesättigten, bequemen und ruhigen Zustand in der Gegenwart sorgen. Das Triebsystem unterscheidet zwischen „fühlt sich gut an" und „ist gefährlich". Es reagiert auf Genuss mit Lust, auf Frust mit Aggression. Dieses System ist angeboren.

Kontrollsystem (Selbstkontrolle, lokalisiert im präfrontalen Cortex)
Dieses System entwickelt sich erst zwischen dem dritten und 25. Lebensjahr. Angeboren ist nur die Fähigkeit, Selbstkontrolle bei entsprechender Nervenentwicklung und adäquater Erziehung zu erwerben. Hauptaufgabe dieses Systems ist die Kontrolle des Triebsystems, damit auch Ziele der Zukunft erreicht werden können. Dafür wird Verzicht in der Gegenwart in Kauf genommen. Diese Fähigkeit zum Bedürfnisaufschub / -verzicht ermöglicht erst den freien Willen, problemlösendes Denken, Flexibilität, Kreativität. Daher kann das Kontrollsystem auch als Ort des freien Willens bezeichnet werden!

Wie funktioniert die Zusammenarbeit dieser beiden Systeme? Bei guter Balance können Bedürfnisse aufgeschoben werden zugunsten selbst gesteckter Ziele. Trotzdem können wir uns auch was gönnen, uns verwöhnen und genießen. Aber wir bestimmen selbst, wann welches Verhalten angesagt ist. Bei schlechter Balance: Wir alle kennen Situationen, in denen sich die Triebsteuerung durchsetzt. Im Volksmund heißt es dann, dass unser innerer Schweinehund uns wieder mal zum Bierchen auf dem Sofa verführt hat, anstelle mit uns das vorgesehene sportliche Training zu absolvieren.

Wenn das Triebsystem das Selbstkontrollsystem dominiert, wird ein Bedürfnisaufschub unmöglich, d. h., reflexhaft wird jeder kleinen Versuchung nachgegeben (Essen, Sex, Action, Vergnügen). Man ist impulsiv und ungeduldig wie ein Kleinkind – und nach der Sättigung bequem und apathisch. Wird das Triebsystem übermächtig, kann es in die Sucht führen.

Die Werbung nutzt das Triebsystem perfide für ihre Konsumangebote aus (Alkohol, Tabak, Süßigkeiten, moderne Medien etc.), um ihren Profit zu maximieren. Beispielsweise greifen gestresste Menschen gern nach schnell wirksamen Genussmitteln. Wird hingegen das Selbstkontrollsystem übermächtig, kann dies in Selbstüberschätzung und Selbstausbeutung münden durch allzu starre Disziplin.

Wir erleben täglich ein (un-)bewusstes Training in Selbstkontrolle: Indem wir den Verlockungen des Konsumüberangebots immer wieder Widerstand leisten. Zahlreiche Studien zeigen auf, dass intakte Selbstkontrolle positiven Einfluss hat auf die Qualität der sozialen Beziehungen, auf den beruflichen Erfolg, auf Gesundheit und Lebenserwartung: „Menschen mit funktionierender Selbststeuerung erleben signifikant mehr Glück und weniger Leid, Angst und Depressivität als jene, denen sie fehlt" (Bauer, 2015, S. 3).

3.3.2 *Wertemanagement*

Anstatt einem Kinder-Navi zu gehorchen, das einfache Richtig- / Falsch-Antworten gibt, geht es im Erwachsenenalter darum, eigene Werte zu finden und zu leben, quasi ein Wertemanagement zu installieren. Dieses erfolgt in den folgenden Schritten:

- Werte wahrnehmen
- Werte bewerten
- Werte auswählen
- Werte integrieren

In unserem Alltag durchlaufen wir x-mal den Prozess wahrnehmen – vergleichen und bewerten – auswählen. Wir entscheiden uns jeweils für die Option, die uns wertvoller erscheint. In jeder gewöhnlichen Entscheidung liegt also auch eine (kleine) Wertung.

Schief läuft dieser Prozess, wenn *ent*wertet oder *ab*gewertet wird (statt gewertet). Entscheiden und werten bedeuten nicht zwangsläufig, dass alle anderen Entscheidungen, Werte und Menschen falsch und mies sind. Entwertungen und Abwertungen sind Fehlreaktionen, die auf einem mangelnden Selbstwertgefühl basieren.

Werte wahrnehmen

Es finden sich bekannte, teilweise bekannte, weniger bewusste und auch neue Werte:

Bekannte Werte

Während des Lebensrückblicks in Kapitel 2 sind uns Werte begegnet, die wir von unseren einstigen Bezugspersonen übernommen haben, und solche, die wir uns selbst angeeignet haben. Diese Werte sind uns bewusst, wichtig und noch „in Gebrauch".

REFLEXION

Aus der Lebensphase	Meine Werteperlen – gesammelt während meines bisherigen Lebens
Kindheit	
Jugend / Adoleszenz	
Erwachsenenalter	

Tabelle 2.1: Meine Werteperlen

Teilweise bekannte Werte

Was uns wichtig und wertvoll ist, ist uns nicht immer bekannt. Oft handelt es sich um nicht geklärte →Bedürfnisse und →Motivationen. Um diese zu klären, hilft unten stehende Bedürfnispyramide. Der Psychologe Abraham Maslow entwickelte eine Bedürfnis- und Motivationspyramide, die auch heute noch oft verwendet und zitiert wird (vgl. Abbildung 3.1). Ziel seines Stufenmodells war erst die Selbstverwirklichung (die eigenen Talente unter den gegebenen Möglichkeiten voll ausschöpfen), später von ihm ergänzt um die Stufe Transzendenz (Orientierung über sich und sein befristetes Erdenleben hinaus). Ob an der Spitze Selbstverwirklichung oder Transzendenz steht, Ziel ist letztlich immer, einen Sinn im Leben zu finden.

Abbildung 3.1: Maslow-Pyramide der Bedürfnisse und Motive

Wir betrachten die Bedürfnis-Pyramide aus der Perspektive der Werte, die letztlich auch zum (Lebens-)Sinn führen: „Welche Werte dieser Pyramide sind für mich besonders wichtig?" Klären können wir dies mittels einfacher *Wie*-Frage:

Wie wichtig – wertvoll – ist mir die Befriedigung meiner Grundbedürfnisse: Hat Nahrung für mich nur den Wert der Sättigung oder habe ich mich bewusst für eine spezielle Ernährung entschieden (z. B. vegetarische)?

Soziale Bedürfnisse: *Wie* gestalte ich meine sozialen Kontakte?

Selbstverwirklichung: *Wie* kann ich meine Talente innerhalb der gegebenen Möglichkeiten ausschöpfen?

Weniger bewusste Werte

Viele unserer Werthaltungen sind uns nicht bewusst. Es lohnt sich aber, hinter Gedanken, Gefühlen, Bedürfnissen und auch Sprichwörtern, die für uns bedeutsam sind, Werte zu suchen. Beispielsweise:

Gedanken, Gefühle, Vorlieben: Was gefällt mir in Bezug auf … Was ist besser / wertvoller für mich?

Glaubenssätze, Lebensmottos: „Ich muss perfekt sein!“, „Ich muss es allen recht machen!“ … Welche Mottos bestimmen mich und welche Werte stecken dahinter? Will ich diese beibehalten oder ändern?

Beliebte Sprichwörter mit tieferem Sinn (Wert): „Jeder ist seines Glückes Schmied“, „Wer A sagt, muss auch B sagen“, „Wer nicht hören will, muss fühlen“. Welche Werte verstecken sich hinter diesen Sprüchen und was bedeuten sie mir persönlich?

Neue Werte erkennen

Werten begegnen wir im ganz gewöhnlichen Alltag. Er ist quasi „Werte-Lieferant“ und Übungsfeld in einem.

Alltagssituationen fordern uns immer wieder heraus, indem wir Stellung beziehen müssen, uns entscheiden müssen, was uns wichtig(er) ist.

Neue Situationen: In unserer komplexen Welt erleben wir Situationen, die mehrdeutig sind und uns vor schwierige Entscheidungen stellen. Neue Technologien, neue Erkenntnisse fordern uns und unsere Werte heraus: Dürfen wir alles tun, was wir können? Wie gehen wir beispielsweise mit der Digitalisierung um? Was ist uns wichtiger / wertvoller: unbegrenzte Kontaktmöglichkeiten oder Datenschutz?

Spezial-Werte: Wir beobachten beispielsweise jemanden, der / die in einer speziellen Situation Zivilcourage beweist – dabei stellt sich uns die Frage, wie wir in dieser Situation gehandelt hätten.

Vorbilder geben uns Orientierung angesichts der uns umgebenden Komplexität. Hier sind nicht die Influencer oder „die Schönen und Reichen“ gemeint, sondern „wertvolle“ Menschen wie z. B. Albert Schweitzer, Rosa Luxemburg, Nelson Mandela, Hanna Arendt, die Geschwister Scholl – sowie Menschen wie du und ich: Vorbild werden kann nämlich jede*r, auch und gerade Menschen mit Behinderungen, indem sie uns zeigen, wie sie ihr Schicksal meistern, und eventuell unsere eigenen Werte infrage stellen.

Soziales Umfeld: Wir müssen Werte mit anderen Menschen in den verschiedenen Lebensbereichen aushandeln. Je näher uns ein Lebensbereich ist (z. B. Familie, Arbeitsplatz), desto intensiver sind wir davon betroffen. Unsere Lebensbereiche dehnen sich aber über unsere Landesgrenzen aus und letztlich sind wir auch betroffen von Werten und Ereignissen am anderen Ende der Welt.

Werte bewerten

Wir bewerten die wahrgenommenen Werte aufgrund von Vergleichen mit unseren bereits vorhandenen Werten. Dabei gilt es, einiges zu berücksichtigen:

Wählen dürfen – wählen müssen. Wir können uns vor gewissen Wert-Entscheidungen nicht drücken, denn sich nicht zu entscheiden kann (fatale) Folgen haben. Beispiel: Berufswahl, Partnerwahl, Wahl des Lebensstils etc. Auf welchen Werten basiert unsere diesbezügliche Entscheidung?

Qual der Wahl: In unserer Multioptionsgesellschaft ist das Treffen von Entscheidungen für viele Menschen schwierig (geworden). Die beinahe unendlichen Auswahlmöglichkeiten führen dazu, dass wir – zumindest theoretisch – alles haben / machen / tun können. Das hat einerseits überhöhte Erwartungen zur Folge und andererseits das Gefühl, nicht zu genügen. Um diesem Gefühl zu entgehen, müssen wir uns bewusst entscheiden: Worauf wollen wir unsere Energie fokussieren? Und bei Wert-Entscheidungen? Auch hier können wir nicht alles gleichzeitig haben. Unsere Werte können sich widersprechen: Flexibilität – Disziplin, Harmonie – Aufrichtigkeit, Spaß – Disziplin, Toleranz – Authentizität, Respekt – Gelassenheit etc.

Einfache vs. schwierigere Entscheidungen: Während bei Konsumgütern die Werte und damit die Auswahlkriterien eindeutiger sind (Qualität des Produkts, faire Herstellung und Handel etc.), kommen zum Beispiel für eine Partnerwahl differenziertere und umfassendere Werte zum Tragen.

Umkehrbare vs. irreversible Entscheidungen: Während eine Ehe geschieden werden kann, ist der Entschluss, Kinder haben zu wollen, irreversibel, sobald der Nachwuchs da ist.

Bewusste vs. unbewusste Entscheidungen: Unbewusste, „automatische“ Entscheidungen erleichtern unseren Alltag. Beispielsweise überlegen wir beim Autofahren in vielen Fällen nicht lange, ob wir bremsen sollen oder nicht. Ein Impuls lässt uns in Sekundenschnelle auf die Bremse treten, etwa wenn ein Ball plötzlich von der einen Seite der Straße auf die andere rollt. Bevor etwas zum Automatismus werden kann, muss es jedoch bewusst gelernt worden sein. Wer erinnert sich nicht an die ersten Fahrstunden, als alles eingeübt werden musste, bevor es automatisch ging. Vieles im Leben ist Routine, und so leben wir die meiste Zeit im Autopilot-Modus, der uns bei Routineangelegenheiten eine wertvolle Hilfe ist. Für bewusste Entscheidungen müssen wir diesen nützlichen Autopiloten aber kurz aus- und das Bewusstsein einschalten.

Gibt es in unserer Sammlung noch unbewusste Werte aus dem Kinder-Navi? Fallen Ihnen noch Dinge ein, die „sich einfach nicht gehören" … weil es schon immer so war? In diesem Fall ist eine bewusste Überprüfung angesagt, ob dieser Wert auch noch im Erwachsenendasein tauglich ist.

Werte auswählen

Nach welchen Kriterien wählen wir Werte aus? Nach reiflicher Überlegung, nach Gefühl oder nach Wertedisputen mit Freund*innen? Was in uns wählt: Kopf, Bauch oder Herz? Oft werden die Begriffe Intuition und Bauchentscheidung synonym verwendet. Im Folgenden werden sie differenziert:

Kognition: Kopf-Entscheidungen basieren auf bewusster Informationsverarbeitung. Sie benötigen Aufmerksamkeit und es dauert eine gewisse Zeit, bis sämtliche Faktoren einbezogen worden sind (z. B. beim Kauf eines Computers: Vor- und Nachteile, Preis-Leistungs-Verhältnis etc.).

Emotion: Bauch-Entscheidungen sind in der Regel spontan und beruhen auf emotionalen Impulsen. Beispielsweise könnte uns ein schwelender Konflikt am Arbeitsplatz zu „spontaner" Beantragung von Urlaubstagen animieren, oder wir gehen der Werbung auf den Leim und kaufen ein überteuertes Produkt, nur weil es alle andern auch haben und man dazugehören möchte.

→ **Intuition** hingegen ist eine blitzartige unbewusste Form der Erkenntnis (Geistesblitz). So tauchen beispielsweise vor dem geistigen Auge neue Ideen oder Zusammenhänge plötzlich auf oder für eine verfahrene Situation wird plötzlich die Lösung klar. Und dies ohne kognitive Reflexion, ohne gefühlsmäßige Auseinandersetzung – einfach so. Intuition lässt uns sofort reagieren, v. a. wenn eine unbekannte Gefahr droht, sogar noch bevor diese richtig bewusst geworden ist (beispielsweise veranlasst uns die Intuition dazu, uns kurzfristig für einen anderen Weg zu entscheiden). Alle Menschen können sie erfahren, wobei die Intuition durch die verschiedenen menschlichen Dimensionen und das Weltbild mitgeprägt wird.

Wir betrachten uns oft entweder als Verstandes- oder als Gefühlsmenschen. Neurologisch betrachtet entschlüsseln wir eine neu einkommende Information aber mit kognitiven *und* emotionalen Anteilen.

Keines der Systeme (Kognition, Emotion, Intuition) ist fehlerfrei. Bei einseitig kognitiven Entscheidungen könnten wir einen wichtigen Faktor übersehen, bei einseitigen Gefühlsentscheiden könnten wir überstürzt aus dem Moment heraus eine Fehlentscheidung treffen, und die Intuition leitet oft aufgrund von Ähnlichkeiten allgemeingültige Regeln für das gesamte Leben ab. So kann sie uns irrtümlich vor einer Schlange warnen, obwohl es nur ein Seil war, das wir aus dem Blickwinkel unscharf wahrgenommen haben. Bei allen (Werte-)Entscheidungen empfiehlt es sich, alle drei Systeme zu berücksichtigen, und zwar je nach Situation entsprechend gewichtet. Denn alle drei Systeme hängen von den Umständen, der Erfahrung der Person und ihrem gespeicherten Wissen ab.

Werte integrieren

Die ausgewählten Werte werden ins eigene Wertesystem integriert und beeinflussen je nach Situation unser Verhalten. Dazu müssen sie intern, d. h. gegenüber den anderen, bereits vorhandenen Werten, angepasst und differenziert werden und ebenso innerhalb verschiedener Lebensabschnitte, sozialer Interaktionen und Lebensbereiche. Wir sind also bewusst oder unbewusst immer wieder um eine Balance unseres Wertesystems und unserer Wertehierarchie bemüht. Diese Balance wird v. a. wichtig, wenn sich Werte widersprechen oder unklar ist, welcher Wert aufgrund einer bestimmten Situation bevorzugt wird. Beispiele: Wie wichtig ist der Wert Ehrlichkeit, wenn ich ein Treffen absagen möchte, weil es mir gerade nicht in den Kram passt? Oder eine beschönigende (Falsch-)Aussage bei einem Missgeschick? Wie handhaben wir die Wertehaltung, dass jedes Menschenleben gleich viel wert ist, angesichts des Flüchtlingselends oder des Suizids eines Freundes?

Nicht nur „intern", sondern auch „extern" müssen Werte differenziert werden, nämlich in sozialen Interaktionen. Wie intensiv, extrem dürfen sie für uns persönlich sein – und für unser Umfeld? Differenzieren meint hier nicht, zwischen den Extrempolen die goldene Mitte zu finden, sondern: die eigene Position. Wie groß ist der Verhandlungsspielraum bei meinen Werten? Zwischen den Wertepolaritäten bestehen unzählige Möglichkeiten für wertvolle Entscheidungen, beispielsweise beim Wert Vertrauen: Wie viel Vertrauen ist gegenüber einer speziellen Person, in einer aktuellen Situation oder in den verschiedenen Lebensbereichen nötig?

Zu einem guten Wertemanagement gehört, dass wir unsere Werte und unseren Umgang mit ihnen – auch unabhängig von der Lebenssituation – immer wieder mal reflektieren. Indem wir uns bewusst um unsere Werte bemühen, sie wählen, pflegen und ergänzen, arbeiten wir zugleich an unserem Menschen- und Weltbild, an unserer Identität und Realität.

3.4 Werte im sozialen Bereich

Als soziale Wesen leben wir im Spannungsfeld von Eigen- und Fremdinteressen. Für das Funktionieren einer Gesellschaft braucht es mehr als nur Gesetze, Normen und Regeln, es geht um die „Essenz des Zusammenlebens", also um das Wesentliche in der sozialen Interaktion. Die persönlichen Werte sollten also möglichst sozialverträglich und kompatibel mit den Werten des sozialen Umfelds gewählt werden.

Um die Bandbreite sozialen Verhaltens aufzuzeigen, wird oft auf die Pole Egoismus und Altruismus hingewiesen. Mittlerweile wurden diese erweitert durch Narzissmus einerseits und „effektiven Altruismus" andererseits. Beide Extrempole sind Teil unseres biologischen und kulturellen Erbes – dazwischen findet sich aber eine große Bandbreite möglicher Verhaltensweisen. Da hinter dem Verhalten Werte stehen, betrachten wir im Folgenden unterschiedliches Sozialverhalten der Menschen.

> „Im Grunde sind es doch die Verbindungen mit Menschen,
> die dem Leben seinen Wert geben."
>
> (Wilhelm von Humboldt)

3.4.1 *Sind wir sozialverträglich?*

Die folgende Übersicht – basierend auf Werten zwischen den einstigen Polen „gut" und „böse" – soll Anhaltspunkte für die Auseinandersetzung mit den eigenen Werten, → Unwerten sowie den daraus folgenden Verhaltensoptionen in verschiedenen Lebenssituationen bieten. Für eine bessere Orientierung erfolgt eine Einteilung in vier Bereiche: asoziales / antisoziales Verhalten, Gleichgültigkeit, Anstand und zivilisiertes Verhalten, Empathie und Anteilnahme. Beim Lesen dieser mehr oder weniger sozialverträglichen Verhaltensweisen kann man sich fragen: Welche Werte (oder Unwerte) erkenne ich dahinter – bei anderen Menschen und bei mir?

Asoziales und antisoziales Verhalten

Menschen mit antisozialer (gegen die Gesellschaft gerichteter) Persönlichkeit missachten absichtlich soziale Normen und Werte. Aufgrund mangelnder Empathie sind sie unfähig zu sozialem Lernen. Sie fallen durch eine geringe Frustrationstoleranz und durch impulsives und aggressives Verhalten auf. Zu asozialem (nicht gesellschaftsfähigem) Verhalten finden sich im Strafgesetzbuch Mord, Totschlag, Vergewaltigung, Diebstahl, Betrügereien, kriminelles Verhalten etc. Diesem harten Kern der Kriminellen fehlen neben den empathischen Gefühlen die Einsicht in ihr schädigendes Tun und die Angst vor Strafe.

Fanatiker, Extremisten und Terror-Organisationen haben ein eigenes „Wert"-System und leben in der Wahnvorstellung, die anderen (z. B. „Ungläubige") dezimieren zu müssen. Sie sehen ihre Opfer nicht mehr als Menschen, sondern als Dinge (Ungeziefer), die es zu „erledigen" gilt. „Ideologie und Religion liefern häufig eine ‚Lizenz zum Hassen'" (Degen, 2007, S. 260, → Ideologie).

Destruktive Aggression ist absichtsvolles Handeln mit dem Ziel, einer anderen Person körperlichen oder psychischen Schmerz zuzufügen. Aggression kann mit oder ohne erkennbaren Anlass erfolgen, provoziert oder nicht, legal oder illegal. Aggression kann viele Formen annehmen, von Verbalattacken über Handgreiflichkeiten bis Vergewaltigung und Mord. Sie kann sich auch als Zerstörungswut in Sachbeschädigungen ausdrücken etc.

Hasser*innen: Menschen, die ihre aufgestaute Wut, ihren Frust und ihren Hass in die Welt schreien und andere damit verbal attackieren, verursachen nicht nur verbales Littering. Sie tragen zur Verrohung sozialer Interaktionen bei. Die Theorie der Katharsis ist längst widerlegt, durch ungezügeltes Hinausschreien wird Hass nicht abgebaut, sondern vielmehr aufgestaut wie Müll. Im Schutz der Anonymität (z. B. in Internetforen) präsentieren sich gewisse Menschen als aggressive, unreife und narzisstische Rüpel – und sind oft noch stolz darauf.

Narzissmus: Narzissten empfinden sich als das Zentrum der Welt und beziehen alles auf sich – was der emotionalen Unreife eines Kleinkindes entspricht. Sie verlangen nach permanenter Bestätigung und stellen sich bei jeder Gelegenheit in den Mittelpunkt. Die Wahrheit wird so angepasst, dass sie ihnen in den Kram passt („alternative Wahrheiten"). Narzissten sind überzeugt, dass nur sie wissen, was richtig und was falsch ist. So wechseln sie auch dauernd ihre Werte: Was heute wertvoll ist, ist für sie morgen falsch. Um selber besser zu erscheinen, werten sie andere ab. Narzissten sind unfähig zur Empathie, sie werden rasch ausfällig und aggressiv und demonstrieren ihre Macht. Dass es so viele gefährliche (!) Narzissten unter Staatsführern gibt, ist nicht zufällig: Narzissten wählen Machtpositionen, und zu viel Macht macht narzisstisch. Die Macht wird nicht gebraucht, um dem Staat und der Gesellschaft zu dienen, sondern ausschließlich sich selbst. Frage: Warum werden solche Typen beachtet und gewählt?

Egozentriker, die etwas mildere Variante der Narzissten: Gewisse Zeitgenoss*innen scheinen im Trotzalter stecken geblieben zu sein: Sie quengeln, wenn sie nicht sofort bekommen, was sie wollen, und werden aggressiv, wenn es nicht nach ihrem Kopf geht. Beispielsweise werden sogar Rettungssanitäter*innen tätlich angegriffen, wenn ihnen diese nach einem Unfall auf der Autobahn nicht sofort Platz machen …

Gleichgültigkeit

Gleichgültig sind Menschen, die anderen zwar nicht direkt oder absichtsvoll schaden wollen, sondern dies durch ihre Unachtsamkeit tun. Hierzu zählt auch die Art von **Egoismus**, bei der rücksichtslos die eigenen Interessen *auf Kosten anderer* durchgesetzt werden. (Nur die eigenen Interessen zu verfolgen gilt noch nicht als egoistisch.) Auch mangelnde Einsicht in mögliche Konsequenzen zählt zu diesem Bereich, etwa wenn beim Rasen im Straßenverkehr außer Acht gelassen wird, dass Unbeteiligte zu (Todes-)Opfern werden könnten. Oder das zunehmende Littering, d. h. Abfall im öffentlichen Raum einfach liegen und das Aufräumen anderen zu überlassen, ist ein Zeichen von dieser gleichgültigen überheblichen Ignoranz. Es wird keine Empathie gezeigt und die Verantwortung für das Wohlergehen der Mitmenschen wird klar von sich gewiesen.

Die oft an den Tag gelegte **Coolness** ist tatsächlich kalt, nämlich kalt gegenüber den Mitmenschen … Sich nicht über jeden Klacks aufzuregen ist o. k., aber die zunehmende Tendenz, den Mitmenschen gegenüber cool zu bleiben, heißt auch, die Empathie „einzufrieren" – nach dem Motto: Wenn es ihm / ihr schlecht geht, ist das eben seine / ihre Sache!"

Opportunisten: Sich nur „gut" benehmen, wenn es andere auch tun und / oder es bemerkt wird – es sich also lohnt –, ist noch kein zivilisiertes Verhalten, sondern eher verdeckter Eigennutz.

> „Das Gute – dieser Satz steht fest – ist stets das Böse, was man lässt."
>
> (Wilhelm Busch)

Anstand und zivilisiertes Verhalten

Das Einhalten der **Goldenen Regel** „Was du nicht willst, was man dir tu', das füg' auch keinem andern zu" hilft, Schaden zu vermeiden. Wir halten diese Regel aus „buchhalterischen" Gründen ein oder weil wir Ärger vermeiden wollen. In diesem Fall von sogenanntem reziprokem Altruismus – „Wie du mir, so ich dir" – gießen wir Nachbars Blumen in dessen Abwesenheit in der Hoffnung auf Gegenleistung.

Zu **anständigem Benehmen** zählen beispielsweise: Respekt (sich auch an Normen halten, wenn gerade niemand zusieht, z. B. keinen Müll „wild" entsorgen), Höflichkeit (gleiche Rechte für alle, d. h. sich nicht vordrängeln etc.), Rücksichtnahme (z. B. im Bus älteren Personen seinen Sitzplatz anbieten) und Freundlichkeit. (Vor ein paar Jahren wurden die Verkäufer*innen einer Ladenkette geschult, den Kund*innen einen schönen Tag zu wünschen. Auch wenn dieser Wunsch nur eine Floskel ist, hat sich die Atmosphäre in den Läden seither verbessert.)

Umgangsformen: Ungerecht behandelt zu werden wird als Demütigung und Missachtung unserer Würde empfunden. Aber auch wenn man sich im Recht fühlt, kann man auf würdeloses Anbrüllen des „Gegners“ verzichten.

Vergeben: „Wie du mir, so ich dir“ könnte zu unendlichen Rachereaktionen führen. So hat sich im Verlauf der Evolution zivilisierter Gesellschaften durchgesetzt, dass man auch mal einen Punkt macht. Das heißt nicht, dass die Tat gebilligt wird.

Konkurrenz, Kooperation, Solidarität

Konkurrenz bezieht sich auf das Streben von mindestens zwei Konkurrenten um ein Ziel, wobei der eine gewinnt, der andere verliert. Die jahrelange Indoktrination durch falsch verstandenen Darwinismus („Nur der Stärkste überlebt“) förderte maßlosen Egoismus und erbittertes Konkurrenzverhalten. Anpassungsbereitschaft und Kooperation (eine weitere Aussage Darwins!) wurden dabei außen vor gelassen.

Kooperation ist zielorientierte Zusammenarbeit von zwei oder mehreren Personen zum Nutzen aller. Durch gemeinsame Arbeit können Effekte optimiert oder durch Synergien Neues geschaffen werden.

Solidarität geht über Kooperation hinaus: Es geht dabei um die Rücksichtnahme unter Gleichgestellten (im Unterschied zur Barmherzigkeit, wo ein Machtgefälle vorhanden ist). Gegenüber Ebenbürtigen engagiert man sich für gemeinsame Werte und bietet Unterstützung. Solidarität kann sich vom kleinen familiären Rahmen über größere Gruppen erstrecken und unterschiedlich umfassend sein. Beispielsweise findet sich Solidarität in Gewerkschaften, Genossenschaften, Krankenkassen etc. Allerdings nimmt Solidarität durch die zunehmende Individualisierung und die Ökonomisierung des sozialen Lebens immer weiter ab und damit auch der Zusammenhalt in sogenannten postmodernen Gesellschaften.

Empathie und Anteilnahme

Empathie ist das Vermögen, sich in einen anderen Menschen einzufühlen nach dem Motto „Ich könnte du sein“. Das beinhaltet nicht die Projektion seiner eigenen Probleme auf den anderen, sondern das zu fühlen, was der andere (vermeintlich) fühlt. Durch diese Fähigkeit können wir Anteil nehmen an Freud und Leid unserer Mitmenschen.

Hilfsbereitschaft bedeutet, die Notlage eines anderen Menschen zu erkennen und sich uneigennützig zur Hilfeleistung zu entscheiden. Wer allerdings „Gutes“ nur um des Prestiges willen tut, wird bald als besonders fieser Egoist und Heuchler entlarvt.

Zivilcourage ist der soziale Mut, zu seinen Werten zu stehen und bei sozialen Ungerechtigkeiten gewaltlos einzugreifen – trotz möglicher persönlicher Nachteile. Dies kann im privaten Bereich (z. B. Mobbing-Opfer unterstützen) oder im öffentlichen Bereich (z. B. öffentlicher Protest gegen unfaire Behandlung von Minderheiten) sein. Zivilcourage kann auch als Gegenteil von unbeteiligtem Mainstreamverhalten und Autoritätsangst betrachtet werden. Bei Zivilcourage geht es nicht um abgehobenes Heldentum, sondern um Empathie und Verantwortungsgefühl, die zum beherzten Einsatz führen. Ein Zusammenschluss einiger couragierter Menschen nützt oft mehr als ein riskanter heldenhafter Einzel-Einsatz.

Altruismus: Dieser Begriff bedeutet absolute Uneigennützigkeit, Selbstlosigkeit; anderen Menschen zu helfen, ohne Gegenleistung zu erwarten. In seinem Buch *Effektiver Altruismus: Eine Anleitung zum ethischen Leben* (2016) geht der Philosoph Peter Singer noch weiter: Er schlägt vor, bescheiden zu leben, um einen großen Teil des Einkommens spenden zu können, und diejenige Karriere einzuschlagen, in der man am meisten verdienen kann – damit man umso mehr spenden kann. Er geht mit seinen Vorschlägen sogar so weit, einem Fremden einen Teil seines Körpers zu spenden, und zwar nicht nur Blut, sondern sogar eine Niere. Für Singer ist die Optimierung des Kosten-Nutzen-Effekts zentral: Nicht aufgrund von Gefühlen, sondern aufgrund von Logik soll gespendet werden. Dabei sollen Zweck und Organisation sorgfältig ausgewählt und überlegt werden, wo die Spende am meisten nützt. Allerdings wirken die vorgeschlagenen Hochrechnungen und Vergleiche menschlichen Leids zwecks (finanzieller) Unterstützung oft zynisch – und unethisch! –, da Leid nicht mit anderem Leid verglichen werden kann.

Es gibt unzählige Verhaltensmöglichkeiten: von asozialem / antisozialem Verhalten über Gleichgültigkeit den Mitmenschen gegenüber, „anständiges“ und zivilisiertes Verhalten bis hin zu Empathie und Anteilnahme. Auffällig ist für uns alle die mangelnde Sozialverträglichkeit der anderen: Wir sind genervt davon, wie „diese Rüpel“ unsere Werte mit Füßen treten, und fragen uns, ob wir uns angesichts dessen überhaupt selbst an Werte halten sollen. Es geht an dieser Stelle nicht um eine moralinsaure Abrechnung über „gut“ und „böse“, sondern um die Klärung der Sozialverträglichkeit: die der andern – und die eigene:

REFLEXION

Sozialverträglichkeit

- **Asoziales und antisoziales Verhalten**
  Welche meiner Werte werden blockiert bei asozialem und antisozialem Verhalten anderer?
  In welchen Momenten spüre ich Aggression auf andere Menschen(-gruppen)?
  Welche „asozialen Elemente" möchte ich wie bestrafen?

- **Gleichgültigkeit**
  Welche meiner Werte werden durch Gleichgültigkeit anderer Menschen beeinträchtigt?
  In welchen Momenten denke ich: „Nach mir die Sintflut"?
  Wie geht es mir und meinen Werten angesichts bestimmter Gruppendynamiken oder der Gruppenanonymität?

- **Anstand und zivilisiertes Verhalten**
  Wie reagiere ich auf anständiges und zivilisiertes Verhalten anderer Menschen?
  Goldene Regel: Wann beachte ich sie, wann nicht?
  In welchen Situationen fällt mir das Einhalten gewisser Anstandsregeln schwer?

- **Konkurrenz, Kooperation, Solidarität**
  In welchen Lebensbereichen und Situationen erlebe ich Konkurrenzverhalten, in welchen kooperatives Verhalten?
  Wann tendiere ich eher zur Konkurrenz, wann eher zur Kooperation?
  In welchen sozialen Bezügen erlebe ich Solidarität und wie ergeht es mir dabei?

- **Empathie, Altruismus, Zivilcourage**
  In welchen Situationen oder gegenüber welchen Personen fällt mir Empathie leicht, wo schwer?
  Gibt es Fälle, in denen ich meine Hilfe anderen gegenüber nicht anbieten kann / will?
  Habe ich schon Menschen beobachtet, die Zivilcourage bewiesen haben?
  In welchen Fällen könnte ich mir vorstellen, couragiert einzugreifen, wo lasse ich dies lieber bleiben? Welche Handlungsalternativen sehe ich in einem solchen Fall?

Zu bedenken:

- **Das Gute im Schlechten, das Schlechte im Guten:** Wie bei Ying und Yang kann im positiven Verhalten ein negativer Beweggrund liegen bzw. kann aus einer positiven Intention eine ungünstige Handlung resultieren und umgekehrt. Die Selbstdarstellung von Mephistopheles aus Goethes *Faust:* „Ich bin ein Teil von jener Kraft, die stets das Böse will und stets das Gute schafft" ließe sich wohl auch andersherum formulieren.

- **Absichtlicher Missbrauch** eines positiven Werts: Empathie kann auch dazu missbraucht werden, andere zu täuschen (Heiratsschwindler, Enkeltrickbetrüger). Ob die Angst vor möglicher Täuschung oder der zunehmende Egoismus der Grund ist, jedenfalls stellt der Soziologe Hartmut Rosa fest: „Es gibt eine große US-Studie über den Rückgang an Mitgefühl: Die Grundbereitschaft, sich auf andere einzulassen, hat danach zwischen 1979 und 2009 um fast 40 Prozent nachgelassen“ (2018, S. 35).
- **Parteilichkeit:** Aufgrund von Empathie für „Opfer“ können Rachegefühle und Vergeltungsschläge gegenüber den „Tätern“ erfolgen, die niemandem helfen. Wir gegen die andern: Empathie empfinden wir nur für die Menschen, die uns ähnlich sind, mit ähnlichen Werten und Erfahrungen. Menschen, die anders sind als wir, die aus einer anderen Kultur mit anderen Werten stammen, ignorieren wir eher.
- **Umwertung von Wert-Begriffen:** Wurden einst tugendhafte Menschen als „Tugendbolde“ verspottet, geschieht heute dasselbe mit dem Begriff „Gutmensch“. Er wurde 2015 – wohl im Zusammenhang mit der beginnenden Flüchtlingskrise – zum Unwort des Jahres gekürt und richtet sich gegen die guten Absichten anderer, indem diese diskreditiert werden. Den Helfenden werden Blauäugigkeit, Kompetenzmangel und Naivität unterstellt. Die Motive des Gutmenschen werden skeptisch betrachtet: Er/sie handele insgeheim egoistisch (Helfersyndrom). Als Beweise gelten die (falsch verstandenen!) Theorien von Charles Darwin und Sigmund Freud.
  Warum werten wir eigentlich gute Taten ab? Oft aus uneingestandenen Konkurrenzgefühlen: *Nicht*-Helfer*innen vergleichen sich mit den Helfer*innen, was Schuld- und Schamgefühle auslöst. Weil sie nicht schlecht dastehen wollen, ist Angriff die beste Verteidigung, d. h., das unangenehme Gefühl wird durch Abwertung der Helfer*innen überdeckt. Auch dieser Mechanismus findet sich v. a. bei niedrigem Selbstwertgefühl.

3.4.2 WERTE-Interaktionsmodell

Wir agieren in verschiedenen Lebensbereichen mit unterschiedlichen Menschen. So ergeben sich täglich zahlreiche soziale Interaktionen. Damit diese harmonisch ablaufen, muss mehr oder weniger Toleranz geübt werden. Bei der Umsetzung der eigenen Werte sollten daher auch die Werte der anderen Beteiligten sowie die situativen Bedingungen mit berücksichtigt werden. Das folgende WERTE-Interaktionsmodell (Abbildung 3.2) – inspiriert durch Ruth Cohns → TZI-Dreieck – bietet eine Hilfe zur Überprüfung der eigenen Werte bzw. der Art und Weise, wie man seine Werte lebt.

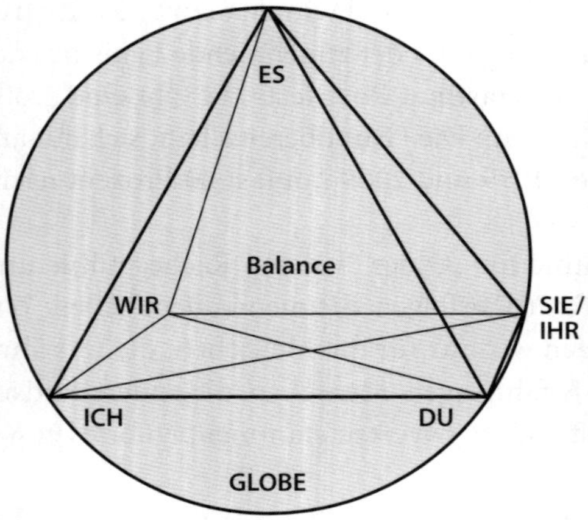

Werte zu …

ICH: mein Leben, meine Werte

DU: dein Leben, deine Werte

WIR: gemeinsame Werte in unserer Gruppe

IHR / SIE oder **„die anderen"**: gemeinsame Werte in deren Gruppe

ES: Themen, Aufgaben, Sachfragen, Probleme

GLOBE: unsere gemeinsame Welt; alles, was uns umgibt: Räume, Orte, Zeitstrukturen, Natur, Kultur, soziale Strukturen, Technik, Ökonomie, Ökologie …

BALANCE: Ziel, Werte auszubalancieren

Abbildung 3.2: WERTE-Interaktionsmodell

Jeder Mensch, also jedes **ICH** (s. Abbildung 3.2), besteht aus mehreren Dimensionen, die ihrerseits viele Werte enthalten:

- **Körperliche Dimension** – Gesundheit, Energie, Beweglichkeit, Leistungsfähigkeit …
- **Emotionale Dimension** – Selbstvertrauen, Gefühle, Fantasien, Träume …
- **Kognitive Dimension** – Motivation, Problemlösekompetenz, Originalität, Humor …
- **Soziale Dimension** – Kommunikation und Interaktion mit Individuen und Gruppen …
- **Spirituelle Dimension** – persönlicher Glaube / Spiritualität, Verbundenheit mit höherem Ganzen …

Die Werte in diesen Dimensionen werden von den Individuen unterschiedlich gewichtet. So ist dem einen seine Problemlösekompetenz wichtig / wertvoll, dem andern seine Fantasie. Als multidimensionales Wesen bin ich fähig zu Alltagsbewältigung und Lebensgenuss, Erkennen der eigenen Möglichkeiten und Grenzen, Schaffen befriedigender Lebensbedingungen, Verantwortungsübernahme für das eigene Handeln. Identität und Verhalten basieren auf Wert(-haltungen).

DU, WIR, IHR / SIE – sie alle sind ebenfalls „ICHs", d. h. multidimensionale Wesen mit eigenen Werten. Im Kontakt mit anderen Individuen sind die eigenen Werte nicht immer kompatibel, sondern müssen ausgehandelt werden.

Aus dem WERTE-Interaktionsmodell wird ersichtlich, dass sowohl ICH, DU, WIR und IHR / SIE Menschen und ihre Beziehungen untereinander bezeichnen. Uns allen ist es wichtig, dass wir gut mit unseren Mitmenschen auskommen, dass wir sozial gut integriert sind. Daher gilt es zu überprüfen: Wie setze ich meine Werte um: zu rigoros, ohne Rücksicht auf andere? Oder lenke ich zu schnell ein und verrate dabei meine eigenen Werte?

Vor allem, wenn man merkt, dass man mit seinen Werten aneckt, stellt sich die Frage: Was kann ich ändern? Wo kann ich Kompromisse machen? Wo will / kann ich keine machen? Wie erhalte ich Verständnis für meine Werte?

Auf dieser ICH-DU-WIR-IHR-Basis des Modells geht es also v. a. um Selbst- und Sozialkompetenz, die sich letztlich auch in der Sozialverträglichkeit (Abschnitt 3.4.1) und in der Kommunikationsfähigkeit widerspiegeln. Man beachte die unzähligen Werte, die hinter folgenden Begriffen stehen:

Selbstkompetenz – Authentizität, Selbstwertgefühl, Selbstvertrauen, Selbstwirksamkeit, Selbstverantwortung, Selbstdisziplin, Entscheidungsfähigkeit, Flexibilität, Kreativität. Konkret geht es um Werte zum Nutzen / Schaden für das eigene Leben (ICH).

Sozialkompetenz – Empathie, Achtung, Wertschätzung, Anerkennung, Menschenkenntnis, Kommunikationsfähigkeit, Kritikfähigkeit, Kompromissfähigkeit, Toleranz, Hilfsbereitschaft, soziales Engagement, Verantwortungsübernahme, Zivilcourage. Es geht also um Werte zum Nutzen / Schaden für das Leben anderer Menschen (DU, WIR, IHR / SIE).

Sowohl in der WIR-Gruppe als auch in der IHR-Gruppe finden sich spezifische Gruppenwerte und -normen sowie Interaktionsformen. Dieses Gruppenspezifische führt zu einem Gruppenbewusstsein, d. h. einem Zusammengehörigkeitsgefühl. Das Wir-Gefühl kann auch dazu führen, dass die anderen, die IHR-Gruppe, abgewertet wird.

ES betrifft gemeinsame Themen, Aufgaben, Ziele, Probleme etc. Meist beziehen sich die Werte auf das *Wie* des alltäglichen Tuns: Wie setze ich mein Wissen und meine Fertigkeiten um, sei es im Handwerk, Kunstwerk oder in der Wissenschaft. Wichtig sind dabei nicht nur die Werte aus dem privaten Bereich, sondern auch die, die wir in unserem Berufsfeld vorfinden und mitgestalten und von denen wir geprägt werden. Viele Berufstätige sind sich nicht bewusst, welche Werte sie durch ihre Arbeit wirklich vertreten, da sie oft zu sehr auf einen einzigen Aspekt ihres „Kerngeschäfts“ oder auf Nebenaspekte wie Prestige und Verdienst fixiert sind.

GLOBE bedeutet nichts Geringeres, als dass wir mit allem, was uns umgibt, verbunden sind und in allem Werte erkennen können, sei es in der Natur, im Rahmen unserer Kultur, im Bereich Technik oder in sozialen Strukturen. Im GLOBE finden sich soziale Gesellschaften wie die verschiedenen Nationen, globale Interaktionen und auch Themen, die manchmal nur einen Teilbereich der Menschheit betreffen. Alles, was sich auf unserer Welt zuträgt, auch Kriege und Naturkatastrophen an fernen Orten, beeinflussen uns. Der GLOBE ist aufgrund der Vielzahl unterschiedlicher Menschen eine unendliche Wertequelle – und zugleich auch eine Aufgabe (man bedenke die verschiedenen globalen Krisen!).

BALANCE: Relevanz und Ausprägung der Werte sind variabel, da sie abhängig sind von den situativen Umständen und der Kommunikation. Das Ziel ist, die Werte aller Beteiligten immer wieder in Balance zu bringen. Man stelle sich das WERTE-Interaktionsmodell vor, bei dem ein Aspekt als wesentlich wichtiger betrachtet wird als die anderen. Dadurch wird eine Ecke überdimensioniert und die anderen Ecken werden verkleinert, d. h. Werte marginalisiert: Wenn der ICH-Anteil beispielsweise übergroß ist (wie bei Narzissten), werden die übrigen sozialen Systeme (DU, WIR, IHR / SIE) verdrängt. Ebenso wenn ein WIR-Anteil zu viel Raum einnimmt (wie bei Gruppendruck), werden die einzelnen Individuen missachtet. Das ganze Modell ist schief und verzogen – und dementsprechend gestalten sich auch die sozialen Interaktionen und Wertediskussionen in der Realität.

Das WERTE-Interaktionsmodell unterstützt uns bei der Wertewahl und bei der Vertretung unserer Werte in einer sozialen Gruppe: Mit der simplen Frage „Sind die Ecken der Pyramide in Balance oder steht die Pyramide schief?“ kann das System der Beteiligten und deren Werte austariert werden. Falls die Pyramide schief steht, kann eine Feineinstellung via WERTE-Schieberegler, der im folgenden Abschnitt erklärt wird, erfolgen, bis die Beteiligten einen Konsens gefunden haben.

Wie aus dem WERTE-Interaktionsmodell ersichtlich ist, hat unser Verhalten Auswirkungen auf andere Menschen und auch auf den GLOBE. Konsequentes Werteverhalten ist eine Herausforderung. Schauen wir uns das am Beispiel Umweltschutz an: Der eine trennt den Abfall, die andere kauft möglichst nur verpackungsfreies Saisongemüse, andere kämpfen zusammen für saubere Energie … Aber immer wieder geraten wir in Konflikte, weil wir nie alles berücksichtigen. So wirft ein Vegetarier seinen Mitmenschen vielleicht den Fleischkonsum vor, während er selbst den Abfall nicht trennt; eine bewusste Konsumentin zählt zu den Vielfliegerinnen etc. Und alle werfen den andern vor, was diese gerade vermissen lassen …

Wertekonflikte können auch positiv betrachtet werden – sofern die Bereitschaft zur Balancierung vorhanden ist: Sie weisen auf Probleme hin, verhindern, sofern sie in

Angriff genommen werden, Stagnation und lösen Veränderungen aus ... und führen somit zu neuen und / oder differenzierteren Werten. Beispielsweise Haushaltsarbeit: Hier stehen die Werte Hilfe, Mitarbeit, Kooperation etc. zuerst zur Diskussion. Im Verlauf der Balancierung kommen sicher auch noch Werte wie Selbstwert, Gleichberechtigung etc. zur Sprache. Dies löst nicht nur Veränderung bei der Arbeitsverteilung aus, sondern beeinflusst auch die Beziehung der Beteiligten untereinander.

Tatsächlich kann der / die Einzelne nicht die ganze Welt retten. Aber warum nicht dazu beitragen, „die Welt ein bisschen besser zu machen"? Die Wirkung eines einzelnen Menschen auf seine Lebensbereiche und (in geringerem Maß) auch auf den Globe darf nicht außer Acht gelassen werden. Die Geschichte lehrt, dass immer wieder Einzelne wichtige Entwicklungen in Gang setzen können.

Gewisse Maßnahmen wirken aber nur, wenn sie von vielen Menschen getragen werden. Im größeren Rahmen braucht es Druck auf Politik und Wirtschaft, um für die Gesellschaft schädliches Fehlverhalten einzelner Menschen zu unterbinden, z.B. Verbot von Plastik-Verpackungen, steuerliche Verteuerung der Billigflüge etc. Und wer baut den Druck auf? – Soziale Gruppen und letztlich der / die Einzelne. Wir alle sind gefragt, unsere Werte zu leben: für uns, für soziale Interaktionen, für den Globe. Dass dies gelingen kann, zeigen die beiden folgenden Beispiele. Das erste Beispiel stammt aus der Gruppe der Hundehalter*innen: Während man in grauer Vorzeit Slalom um die Hundehaufen auf dem Gehsteig laufen musste, wird die stinkende Hinterlassenschaft des vierbeinigen Lieblings heute durch Säcklein von den Halter*innen entsorgt. Bravo!

Das zweite Beispiel betrifft eine noch größere Gruppe von Menschen durch den Entscheid, dass in öffentlichen Gebäuden nicht mehr geraucht werden darf. Wie schön, ein feines Essen ohne Qualm vom Nachbartisch genießen zu können. Auch dies ist ein Beispiel, wie der Wert Rücksichtnahme (zwar nicht von allen freiwillig) umgesetzt wurde. Während im ersten Beispiel ein Wert zur Norm wurde, wurde im zweiten Beispiel ein Wert via Gesetz verordnet.

3.4.3 WERTE-Schieberegler

Wie bereits erwähnt, sind Werte keine konstanten Größen, sondern werden – je nach Situation – leicht modifiziert, d.h. im Zusammensein mit anderen Menschen ausbalanciert. Sie sind also zum Teil Verhandlungssache. Es gibt nicht immer den „goldenen Mittelweg" im Sinne eines klaren Kompromisses. Eine mögliche Lösung aus diesem Dilemma ist ein „Schieberegler" (vgl. Abbildung 3.3), der den Verhandlungsbereich markiert. Innerhalb dieses Verhandlungsbereichs kann jede*r zu seinem

Wert stehen – außerhalb dieses Bereiches, wenn sich der Regler den Extrem-Polen nähert, ist der / die Einzelne nicht bereit, den jeweiligen Wert infrage zu stellen. So bleibt der Kern des Wertes geschützt und alle Beteiligten sind trotzdem flexibel und können die Werte ausdiskutieren.

1	2	3	4	5	6	7	8	9	10
Extremposition		Konflikthafter Verhandlungsbereich		Konflikt*freier* Verhandlungsbereich		Konflikthafter Verhandlungsbereich		Extremposition	

Abbildung 3.3: WERTE-Schieberegler

Zuerst: Worin liegt der Nutzen des WERTE-Schiebereglers? Wenn wir uns bewusst werden, welches die Extrempole eines Wertes sind und wie unser Verhandlungsspielraum bemessen ist, sind wir gut gerüstet für Werte-Diskussionen: Wir sind bezüglich unserer Werte sowohl flexibel als auch standhaft. Der Schieberegler illustriert, was in der konkreten Situation in unserem Inneren passiert, während wir abwägen: Wo ist für mich eine Verhandlung möglich? Wo liegt der konflikthafte Bereich? Und wo bin ich zu keinen Konzessionen bereit? Die Skalierung 1 bis 10 hilft, die eigene Position genauer zu definieren.

In der Regel befinden wir uns mit unserer Wertvorstellung im Bereich 3 bis 8. Sobald wir durch andere Menschen oder Situationen herausgefordert werden, müssen wir eine genauere, aber trotzdem flexible Position einnehmen. Beispielsweise „Hilfsbereitschaft“: Für uns selbst mag dieser Wert auf der Skala etwa bei 7 liegen. In einer aktuellen Situation, in der wir auf eine Person treffen, die (vermutlich) Hilfe erwartet, wird es komplizierter: Wie viel Hilfsbereitschaft erwartet diese Person? Und wie viel Hilfe bin ich bereit, jetzt in diesem Fall zu leisten?

Betrachten wir das Beispiel Hilfsbereitschaft genauer: Ein älterer Herr (Person A) stürzt auf offener Straße. Ein Zeuge (Person B) vertritt bezogen auf den Wert Hilfsbereitschaft die Extremposition: Er bietet keine Hilfe an, etwa aufgrund der Einstellung „Jeder ist sich selbst der Nächste!“, „Mir wurde auch nicht geholfen!“, „Hilfe verhindert Selbstständigkeit“ etc. Auf der vorgestellten Skala findet sich diese Haltung bei Position 1, d. h., der Wert Hilfsbereitschaft ist nicht vorhanden.

Person C beobachtet den Sturz von A ebenfalls, sein Wert Hilfsbereitschaft findet sich in der Skala etwa bei 3 oder 4, d. h., er ist gerne bereit, dem älteren Herrn wieder auf die Füße zu helfen, nicht aber, auch noch dessen Einkäufe einsammeln zu helfen.

Die Hilfsbereitschaft von Person D erstreckt sich darauf, Person A beim Aufstehen zu helfen, Einkäufe einzusammeln und ein paar Schritte zusammen zu gehen.

Person E findet, dem armen Alten müsse umfassend geholfen werden, und ist bereit, zusätzlich zum Aufstehen und Einkäufe-Einsammeln ihn auch noch nach Hause zu begleiten, weil sie sieht, wie unsicher der Verunfallte steht. Totale Hilfsbereitschaft könnte in diesem Beispiel auch bedeuten, dass fraglos geholfen wird – ohne Rücksprache, ob die Hilfe überhaupt gewünscht ist. – Was also wünscht in diesem Beispiel eigentlich die verunfallte Person A? In diesem Beispiel geht es also darum, die Erwartungshaltung von A und die Hilfsbereitschaft verschiedener Zeugen zu balancieren. Auf dem WERTE-Schieberegler sähe dies etwa so aus (Abbildung 3.4):

1	2	3	4	5	6	7	8	9	10
Person B keine Hilfsbereitschaft		**Person C** Beim Aufstehen helfen		**Verunfallte Person A** Wunsch, Hilfe beim Aufstehen und Einkäufe-Einsammeln zu bekommen		**Person D** Beim Aufstehen und Einkäufe-Einsammeln helfen und ein paar Schritte gemeinsam mit Person A gehen		**Person E** Beim Aufstehen helfen, Einkäufe-Einsammeln und nach Hause bringen. Dort ggf. verbinden und betreuen	

Abbildung 3.4: Erwartungshaltung von Person A und Hilfsbereitschaft verschiedener Zeugen

In diesem Beispiel müsste die verunfallte Person A die helfende Person C zu vermehrter Hilfe oder die helfende Person D zu weniger Hilfe animieren; dies wäre auf dem WERTE-Schieberegler etwa auf Position 5 bis 6. Es gibt hier kein Richtig oder Falsch: Alle Personen haben ihre eigenen Wertvorstellungen, die sie nun kommunizieren bzw. aufeinander abstimmen müssen.

Komplizierter wird die Balancierung von Werten, wenn gleich mehrere im Spiel sind oder ein Wert, der sich in verschiedene Einzelwerte unterteilt, beispielsweise Anstand. Hier kommen die weiteren Werte Respekt, Höflichkeit, Rücksichtnahme, Freundlichkeit etc. hinzu. Es gilt nun, diese untergeordneten Werte auch auszubalancieren und in die Gesamtbeurteilung einfließen zu lassen.

Noch komplexer wird die Balancierung von Werten innerhalb von Gruppen, denn hier finden sich mehrere Personen mit ihren unterschiedlichen Werten, die sich über ein bestimmtes Thema einig werden müssen. In der Gruppe müssen betroffene Werte definiert und die jeweiligen Verhandlungsbereiche abgegrenzt werden. Dieser

Prozess kann eine gewisse Zeit in Anspruch nehmen – in dieser Zeit wird der Begriff des Werts in dieser Gruppe geschärft.

Dies zeigt die Flexibilität der Werte auf und zugleich, dass ein Wert – dank WERTE-Schieberegler – nicht derart umgedeutet und entwertet werden kann, dass er in sein Gegenteil kippt.

Wie werden Werte ausgehandelt?

Es gilt zu bedenken, dass alle Teilnehmer*innen multidimensionale Wesen sind und dass all ihre Identitätsdimensionen sowie ihre Erfahrungen in die Wertediskussion mit einfließen. Kurz: Wertedebatten können sehr emotional werden, weil Werte Teil der Identität sind. Für eine Konsensfindung könnte man folgenden Weg einschlagen:

1. Analyse Ist-Zustand: Facts, Kontext, Interessen(-vertreter*innen)
2. Strittige Werte klar formulieren und differenziert definieren
3. Argumente pro und kontra bzgl. der Werte aus verschiedenen (Interessen-)Perspektiven
4. Argumente beurteilen und bewerten (Wer die besseren Argumente hat, kann seine Werte besser „verteidigen".)
5. Die Verhandlungsbereiche der verschiedenen Werte vergleichen und evtl. modifizieren
6. Wenn ein Konsens gefunden wird, kann der Schieberegler entsprechend eingestellt werden. Wenn nicht, wiederholen sich die Schritte mit neuen Argumenten und Ausweitung der Verhandlungsbereiche. Wird kein Konsens gefunden, kann eine Wertediskussion auch eskalieren (vgl. Abschnitt 5.3.2).

Wertediskussionen sind komplex und es können sich viele Missverständnisse ergeben im unmittelbaren sozialen Umfeld bis hin zur diplomatischen interstaatlichen „Verstimmung". Dabei gilt ebenfalls zu beobachten, dass zwar auf der Sachebene diskutiert wird, aber andere Ebenen mitwirken. Meist ist die Sach-Ebene mit einer Appell-Ebene verknüpft, d. h. der Sprechende will den Hörenden veranlassen, seine Wert-Haltung anzupassen oder die Wert-Haltung des Sprechenden gar zu übernehmen. Sowohl in einfachen wie auch in komplexeren Gesprächen fließen mehr oder weniger persönliche Anteile mit ein. Der Sprechende gibt etwas von sich preis, sei dies bewusst und explizit („Ich als Spezialist …") oder auch implizit (etwa durch seine Körperhaltung). *Wie* er mit dem Hörenden spricht, offenbart auch seine Haltung (Respekt, Achtung, Ablehnung, Verachtung) diesem gegenüber. In die Kommunikation fließen die nonverbalen Signale (Mimik, Gestik) ein sowie die leisen Zwischentöne.

Der Zuhörende ist allerdings nicht passiv: Er fragt sich, ob die Botschaft (nach seinem Dafürhalten!) wichtig oder unwichtig, richtig oder falsch ist und was der Sprechende mit seiner Botschaft bei ihm erreichen will (Appell). Dabei schwingen auch persönliche Aspekte mit, (z. B. „Was ist das für ein Mensch? Wie spricht der überhaupt mit mir?"). Diese unausgesprochenen Zwischentöne sind nicht zu unterschätzen, sondern haben schon manche (Werte-)Diskussion entscheidend beeinflusst.

REFLEXION

Wo setze ich meine Schieberegler?

- Ich beobachte mein Umfeld: Wer setzt wo seinen Schieberegler? Wie groß ist der Verhandlungsbereich? Wie wird verhandelt?
- Ich experimentiere (mit Vorsicht): Wo ist mein Schieberegler in der Diskussion mit meinem Partner / meiner Partnerin, mit meinem Kind, meinem Vorgesetzten, mit unterschiedlichen Freund*innen bei den Werte-Themen Dankbarkeit, Disziplin, Ehrlichkeit, Empathie, Flexibilität, Fürsorglichkeit, Geduld, Durchsetzungsvermögen …
- Ich beobachte Wertediskussionen: Wo liegen die Fakten, wo bestimmen Befindlichkeiten?

4. Meine Werte wählen – und leben

„Es ist nicht genug zu wissen – man muss auch anwenden.
Es ist nicht genug zu wollen – man muss auch tun."

(Johann Wolfgang von Goethe)

Nun gilt es, Farbe zu bekennen: In Abschnitt 4.1 findet sich der Werte-Check 1. Auswahllisten zu Werten und Lebensbereichen erleichtern die eigene Wertewahl. Was erkenne ich, was ist mir wirklich wichtig und wertvoll? Verändert sich ein Wert je nach Lebensbereich?

Werte-Check 2 (Abschnitt 4.2) betrifft die praktische Umsetzung der eigenen Werte im Alltag. Welche meiner Werte kann ich problemlos leben, mit welchen ecke ich an? Der Vergleich „Werte haben" (Werte-Check 1) – „Werte leben" (Werte-Check 2) zeigt die persönlichen Ressourcen und Baustellen.

Erst wenn die eigenen Werte gelebt werden, werden sie auch „*wert*voll". Ansonsten sind es nur Worthülsen. Was können wir tun, wenn wir unsere Werte zwar definieren konnten, aber Schwierigkeiten haben, sie in unserem Leben auch umzusetzen bzw. anzuwenden? „Herausforderung: Werte realisieren" (Abschnitt 4.3) zeigt in einem Vier-Schritte-Programm, wie Werte tatsächlich gelebt werden können, sowie ein Schema für wertvolles Alltagshandeln. Hier zeigt sich auch, wie komplex unser tagtägliches Agieren ist und wo sich Werte überall „verstecken". Tipps gegen Stillstand und Rückfälle in altes, nicht mehr gewolltes und vor allem nicht wertekonformes Verhalten schließen das Kapitel ab.

4.1 Werte-Check 1: Werte wählen

Nun geht es darum, einen eigenen Werte-Check zu machen, d. h. zu überlegen, welche Werte mir persönlich jetzt und in welchen Lebensbereichen wichtig und wertvoll sind. Es ist zwar eine Momentaufnahme, da die aktuelle Lebenssituation und die eingenommene Perspektive die Wertewahl beeinflussen, doch Werte sind Teil unserer Identität und werden nicht täglich umgekrempelt. Die eigenen Werte zu kennen verhilft uns zur Selbsterkenntnis und ist eine gute Verhandlungsbasis in sozialen Interaktionen.

Werte-Check 1: Vorgehen

Je sorgfältiger und differenzierter der Werte-Check (Tabelle 4.1) ausgefüllt wird, desto größer wird die Selbsterkenntnis sein. Der folgende Check kann spontan erfolgen oder nach Auswahl von Werten aus den nachfolgenden Auswahllisten und weiteren Quellen. Gehen Sie am besten folgendermaßen vor:

1. Tragen Sie Ihre eigenen Lebensbereiche, also die Kontexte, in denen Sie sich regelmäßig befinden (Familie, Privatleben, Arbeit, Verein …), in die Spalte „Lebensbereich“ ein.
2. In den Spalten „Wert 1–6“ tragen Sie diejenigen Werte ein, die Ihnen in diesen Lebensbereichen wichtig sind.
3. Kopieren Sie diese Tabelle bitte – noch *vor* der folgenden Markierung. (Die Kopie wird für den Werte-Check 2 wichtig sein.)
4. Markieren Sie die Zellen / Werte wie folgt:
   - Grün: „meine Top-Werte“
   - Gelb: „Diese Werte sind mir wichtig, aber es sind keine Top-Werte.“
   - Weiß lassen: „Diese Werte sind mir vergleichsweise weniger wichtig.“
5. **Auswertung:**
   - Werte innerhalb eines Lebensbereichs (waagerecht): Welche Werte sind in diesem Lebensbereich vorhanden?
   - Werte innerhalb verschiedener Lebensbereiche (senkrecht): Wie verändert sich ein Wert in den unterschiedlichen Lebensbereichen?
   - Welche Informationen enthalten die farbigen Markierungen? Gab‘s Überraschungen?
   - Gibt es Werte, die in keine Kategorie passen?

Lebensbereich	Wert 1	Wert 2	Wert 3	Wert 4	Wert 5	Wert 6

Tabelle 4.1: Werte-Check 1: meine Wertewahl

Auswahllisten: Lebensbereiche und Werte

Beispiele für Lebensbereiche

Ich als Person Körperliche Dimension Psychische Dimension Soziale Dimension Spirituelle Dimension	Partnerschaft Ich als Elternteil Familie Gemeinschaft Kinder	Freund*innen, Bekannte soziales Leben Vereine, IGs Sport	Beruf Karriere Aus-/Weiterbildung Politik

Es kann auch hilfreich sein, an die diversen sozialen Rollen zu denken, z. B. „Ich als Vater", „Ich als Chefin", „Ich als Mitglied einer Partei", „Ich als Teilnehmer*in" …

Beispiele für Werte

Einige Werte-Perlen sind bereits vertraut aufgrund des Lebenslaufs oder bekannt aufgrund der Maslow-Pyramide. Im Folgenden finden Sie eine alphabetische Liste, eine Übersicht zu Tugenden und Stärken sowie eine Übersicht über Werte-Systeme. Diese Übersichten können Ihre Werte-Auswahl erleichtern.

Alphabetische Liste

Achtsamkeit Akzeptanz Anerkennung Anmut Anstand Ästhetik Aufgeschlossenheit Aufmerksamkeit Aufrichtigkeit Ausdauer Ausgewogenheit Authentizität Begeisterung Beharrlichkeit Bescheidenheit Beständigkeit	Dankbarkeit Disziplin Durchhaltevermögen Durchsetzungsver- mögen Echtheit Effektivität Effizienz Ehrlichkeit Empathie Engagement Enthusiasmus Entscheidungsfreude Ermutigung	Fairness Fantasie Fleiß Flexibilität Freiheit Freude Freundlichkeit Frieden Fröhlichkeit Fürsorglichkeit Geduld Gelassenheit Gerechtigkeit Geschicklichkeit Glaubwürdigkeit Großzügigkeit Güte	Harmonie Herzlichkeit Hilfsbereitschaft Hingabe Hoffnung Höflichkeit Humor Idealismus Innovation Inspiration Integrität Intelligenz Interesse Intimität Intuition

Klugheit Kreativität Konfliktfähigkeit Kooperation	Offenheit Optimismus Ordnungssinn Originalität	Sicherheit Sinn Sinnlichkeit Solidarität Sozialverträglichkeit Spaß Stabilität Standfestigkeit Sympathie	Verantwortung Verbindlichkeit Verlässlichkeit Vernunft Verzeihen
Leichtigkeit Leidenschaft Leistung Liebe Liebenswürdigkeit Loyalität	Pflichtgefühl Pragmatismus Präsenz Prestige Pünktlichkeit	Tapferkeit Teamgeist Toleranz Transparenz Treue Tüchtigkeit	Wahrheit Weisheit Weitsicht Wertschätzung Wissen Würde
Mäßigung Mitgefühl Motivation Mut	Realismus Respekt Rücksichtnahme	Unabhängigkeit Unbestechlichkeit Urteilsvermögen	Zielstrebigkeit Zufriedenheit Zuneigung Zuverlässigkeit Zuversicht
Nachhaltigkeit Nächstenliebe Neugier Neutralität	Selbstbestimmung Selbstdisziplin Selbstvertrauen Selbstverwirklichung Selbstwert Sensibilität		

(Weitere Wahlmöglichkeiten finden Sie unter ↗ https://www.wertesysteme.de.)

Gibt es auch **Unwerte**, respektive **Antiwerte**? Der Duden definiert Unwert als Bezeichnung für etwas Wertloses, etwas, das nicht würdig ist, zu existieren (Beispiel: die nationalsozialistische Sicht auf „unwertes Leben"). An dieser Stelle geht es um die Pole Wert – Unwert, wertvoll – wertlos: zur Abgrenzung, was für mich zählt und was ich auf keinen Fall will. Einige Beispiele für Anti- oder Unwerte: Aggression, Abscheu, Arroganz, Betrug, Bosheit, Chaos, Diskriminierung, Demütigung, Egoismus, Faulheit, Feigheit, Frechheit, Gier, Hass, Heuchelei, Intoleranz, Narzissmus, Maßlosigkeit, Misstrauen, Ohnmacht, Respektlosigkeit, Sinnlosigkeit, Unehrlichkeit, Ungerechtigkeit, Verachtung, Verantwortungslosigkeit, Wichtigtuerei, Wut, Zynismus ... und alle Werte mit der Vorsilbe „Un-".

Übersicht nach Peterson & Seligman (2004)

Die Psychologen Seligman und Peterson entwickelten eine Methode, um Tugenden und Stärken von Menschen zu messen. Aus der folgenden Tabelle wird ersichtlich, dass beispielsweise die Tugend Weisheit die Stärken Kreativität, Neugier etc. umfasst (vgl. Tabelle 4.2). Falls Sie genauere Informationen suchen: ↗ http://www.charakter-staerken.org/VIA_Interpretationshilfe.pdf

Werte sind, wie bereits erwähnt, kleinere, flexiblere Sinneinheiten als Tugenden. Aus der unten stehenden Tabelle können alle Begriffe als Werte einzeln gewählt werden, ohne unter einem Tugend-Begriff subsumiert werden zu müssen.

Tugenden	Charakterstärken
1. Weisheit und Wissen	(IQ-unabhängig; Fähigkeiten zum Wissenserwerb)
Kreativität	Originelle, neue und unkonventionelle Lösungsstrategien finden
Neugier	Interesse und Offenheit für Neues und neue Erfahrungen
Urteilsvermögen	Verschiedene Perspektiven berücksichtigen, kritisches Denken.
Liebe zum Lernen	Neues Wissen als Herausforderung erleben, wissbegierig sein
Weisheit	Lebensreife; weitsichtig, tiefsinnig; fähig, guten Rat zu erteilen
2. Mut	(Willentlich interne und externe Barrieren zur Zielerreichung überwinden.)
Authentizität	Aufgrund der eigenen Überzeugungen handeln, ehrlich sein
Tapferkeit	Zielstrebigkeit trotz Bedrohung und Schmerz
Ausdauer	Ausdauer; beenden, was begonnen wurde
Enthusiasmus	Der Welt mit Begeisterung und Lebensfreude begegnen
3. Menschlichkeit	(Eigenschaften, die liebevolle menschliche Interaktion ermöglichen)
Freundlichkeit	Großzügig, nett, hilfsbereit zu anderen Menschen sein
Bindungsfähigkeit	Enge Beziehungen und Freundschafen aufbauen und halten
Soziale Intelligenz	Soziale Intelligenz: soziale Informationen (z. B. Gefühle) bewusst wahrnehmen
4. Gerechtigkeit	(Persönlichkeitseigenschaften, die das Gemeinwesen fördern)
Fairness	Alle Menschen gleich und gerecht behandeln
Führungsvermögen	Gruppenaktivitäten ermöglichen und organisieren
Teamwork	Gut im und mit dem Team arbeiten können

Tugenden	Charakterstärken
5. Mäßigung	(Persönlichkeitseigenschaften, die Exzessen entgegenwirken)
Vergebungsbereitschaft	Andern, die einem Unrecht getan haben, vergeben
Bescheidenheit	Nicht mehr für sich zu beanspruchen, als man braucht
Vorsicht	Sorgfältige Entscheidungen und Konsequenzen überlegen
Selbstregulation	Gefühle und Verhalten der Situation anpassen können
6. Transzendenz	(Sinnstiftung durch Beziehung zu höherer Instanz)
Schönheitssinn	Das Schöne in allen Lebensbereichen schätzen
Dankbarkeit	Bewusstsein über das Gute im eigenen Leben
Hoffnung	Optimistisch das Beste erwarten und arbeiten, um es zu erreichen
Humor	Lachen können und Humor haben; andere Menschen aufheitern
Spiritualität	Von einem höheren Sinn des Lebens überzeugt sein

Tabelle 4.2: Tugenden und Charakterstärken nach Peterson & Seligman

Übersicht nach dem Wertesystem von Shalom Schwartz

Der Psychologieprofessor Shalom Schwartz entwickelte eine umfassende Werte-Theorie (1990, Ergänzung 2012), die in verschiedenen Kulturen bestätigt werden konnte – allerdings mit unterschiedlicher Gewichtung. Die Nummern in unten stehender Tabelle 4.3 beziehen sich auf die 19 ausgewiesenen Werte von Schwartz' erweiterter Tabelle. Diese kann Anregungen bieten für den eigenen Werte-Check 1:

Wert-Begriff	Wert-Inhalt: Mir ist wichtig ...,
Selbstbestimmung	
1. selbstbestimmtes Denken	... mir meine eigene Meinung zu bilden.
2. selbstbestimmtes Handeln	... mein Handeln selbst zu bestimmen.
3. Anregung	... möglichst viele neue Erfahrungen zu machen.
4. Genussstreben	... die Freuden des Lebens zu genießen.
5. Erfolgsstreben	... (sehr) erfolgreich zu sein.

Wert-Begriff	Wert-Inhalt: Mir ist wichtig ...,
Macht	
6. Vormachtstellung	... Macht zu haben, um andere dadurch zu leiten.
7. Ressourcenkontrolle	... das Gefühl der Macht zu haben, das mir Geld vermittelt.
8. Ansehen (Prestige)	... mein Image zu schützen.
Sicherheit	
9. persönliche Sicherheit	... in einem sicheren Umfeld zu leben.
10. gesellschaftliche Sicherheit	... dass sich mein Land gegen Bedrohungen schützt.
11. Tradition	... Bräuche zu pflegen: kulturelle, familiäre, religiöse.
Angepasstheit	
12. Angepasstheit an Regeln	... Regeln auch zu befolgen, wenn›s niemand merkt.
13. Angepasstheit an andere	... dass ich die andern nicht ärgere.
14. Bescheidenheit	... Zufriedenheit mit dem, was ich habe.
Wohlwollen	
15. Fürsorge	...mich um das Wohlergehen meiner Lieben zu kümmern.
16. Verlässlichkeit	... meinen Nahestehenden gegenüber ehrlich zu sein.
Das Ganze im Blick	
17. gesellschaftliche Belange	... dass die Schwachen der Gesellschaft geschützt werden.
18. Naturschutz	... die Natur zu schützen.
19. Andersartigkeit anerkennen	... diejenigen, die anders sind als ich, anzuerkennen.

Tabelle 4.3: Werte nach Shalom Schwartz

4.2 Werte-Check 2: Werte leben

Lebe ich meine Werte oder sind sie nur nette Worthülsen, die gut klingen, wenn man sie in Gesprächen mit einfließen lässt? Der folgende Werte-Check 2 zeigt auf, wie intensiv ich die Werte in den verschiedenen Lebensbereichen lebe.

Werte-Check 2: Vorgehen

Bearbeiten Sie die kopierte Tabelle aus Werte-Check 1 (ohne farbige Markierung):

1. Markieren Sie die Zellen / Werte *neu,* und zwar wie folgt:
   - Grün: „Diesen Wert kann ich in diesem Bereich voll ausleben."
   - Gelb: „Diesen Wert kann ich zu 60–70 Prozent leben."
   - Rot: „Diesen Wert kann ich kaum oder gar nicht leben in diesem Lebensbereich."
2. Auswertung: Vergleichen Sie Ihren Werte-Check 1 (gewählte Werte) mit Ihrem Werte-Check 2 (gelebte Werte):
   - Werte-Check 1, Grün oder Gelb – Werte-Check 2, Grün: Übereinstimmung
   - Werte-Check 1, Grün oder Gelb – Werte-Check 2, Gelb: Achtung!
   - Werte-Check 1, Grün oder Gelb – Werte-Check 2, Rot: Alarm!

Konsequenzen

- **Übereinstimmung** von „Werte wählen" und „Werte leben": All diese Werte zählen zu unseren Ressourcen und fördern unseren Selbstwert. Überprüfen Sie immer mal wieder die Übereinstimmung – und freuen Sie sich bei positiven Schlussfolgerungen (sonst: bearbeiten). Apropos: Man darf sich auch mal selbst auf die Schulter klopfen!
- **Achtung:** (Top-)Werte können nur ungenügend umgesetzt werden. Auch hier ist es wichtig, zu beobachten, warum der Wert nicht ausreichend umgesetzt wird, und dies bald in Angriff zu nehmen.
- **Alarm:** Diese (Top-)Werte können kaum oder gar nicht gelebt werden. Sie führen zu →kognitiver Dissonanz, Unzufriedenheit und Befindlichkeitseinbußen bis hin zur Beeinträchtigung des Selbstwerts. Es ist hier also rasches Handeln angezeigt.
- Weiße Felder beim „Werte-Check 1" – rote und / oder gelbe Felder bei „Werte-Check 2": Auch weniger wichtige Werte sind Teil unserer Identität. Es lohnt sich, sobald die wichtigsten „Baustellen" behoben sind, sich um diese Werte zu kümmern. Oft sind es solche Werte, die unsere Identität differenzieren.

- In welchem Lebensbereich können die Werte kaum gelebt werden? Betrifft dies das Privatleben (Partnerschaft und Familie), das Arbeitsleben (Arbeitsklima, Unternehmenskultur oder Arbeitsbedingungen) oder den Freizeitbereich (Gruppendruck, Veränderungen in Zielen und Mitteln)? In allen Bereichen geht es darum zu überlegen, was genau angepasst werden soll und wie umfassend. Dabei können das WERTE-Interaktionsmodell (Abschnitt 3.4.2) und der WERTE-Schieberegler (Abschnitt 3.4.3) wertvolle Hilfen sein.

REFLEXION

Meine Werte bewusst leben

Wenn ich meine eigenen Werte bewusst lebe – wie gehe ich dann um mit ...
... mir selbst (körperlich, kognitiv, emotional, spirituell)?
... anderen (Partner*in, Familie, Verwandte, Freund*innen, Unbekannte)?
... meiner Arbeit / Bildung, meinen Engagements, Interessen, Hobbys?
... der Welt um mich herum?

4.3 Herausforderung: Werte realisieren

Werte haben, aber nicht leben (oder nicht leben *können*) – frei nach der Volksweisheit „Der Geist ist willig, das Fleisch ist schwach"? – Wenn man diese Diskrepanz auflösen möchte, können die in Abschnitt 4.3.1 aufgeführten vier Schritte hilfreich sein. Vorab aber noch eine Bemerkung: Erkannte Werte, die eine Verhaltensänderung erfordern, sollten achtsam step by step umgesetzt werden. Die Psychotherapeutin Gerlinde Ruth Fritsch bringt den Hauptgrund dafür auf den Punkt: „... wer sich verändert, betritt unbekanntes Gebiet. Er weiß nicht, was ihn dort erwartet, auch nicht, welche Fehlschläge, Rückschläge, Gegenschläge er erleben wird" (2012, S. 63).

Zur Veranschaulichung spricht sie von drei verschiedenen Zonen, die für eine gelingende Veränderung beachtet werden sollten:

- die Komfortzone (Bereich, in dem es uns pudelwohl ist),
- die Wachstumszone (Bereich, der uns herausfordert, uns etwas abverlangt) und
- die Panikzone (Bereich, in dem wir uns total überfordern).

Wenn wir zu rasant die Komfortzone verlassen, können wir, statt in die Wachstumszone zu gelangen, uns plötzlich in der Panikzone wiederfinden ... und frustriert den Rückzug in die Komfortzone antreten nach dem Motto „War ja gut gemeint, klappt aber eh nicht".

4.3.1 Erkannte Werte umsetzen

Um erkannte Werte (neu) in den Alltag zu integrieren, muss das bisherige Verhalten entsprechend geändert werden. Dazu sind folgende vier Schritte hilfreich:

Schritt 1: Autopilot aus – Bewusstsein ein!
Schritt 2: Werte bewusst und achtsam erproben.
Schritt 3: Den Alltag als Übung nutzen.
Schritt 4: Wieder im Autopilot – die neuen Werte leben.

Schritt 1: Autopilot aus – Bewusstsein ein!

Automatismen sind sehr praktisch, da sie uns Denkarbeit abnehmen und uns dadurch entlasten. Um Veränderungen aufgrund von neuen Werten zu erzielen, muss der Autopilot aber vorübergehend gestoppt werden, um das Bewusstsein einzuschalten. Das Bewusstsein einschalten bedeutet, aufmerksam zu sein und sich und seiner Umgebung gewahr zu werden. Diese erhöhte → Achtsamkeit hilft uns auch, die Situationen zu erkennen, die sich für den Einsatz unserer (neuen) Werte eignen.

Schritt 2: Werte bewusst und achtsam erproben

Immer wieder sollten die erkannten und ausgewählten Werte bewusst in den verschiedenen Lebensbereichen integriert, d. h. das neue „wertvolle Verhalten" im alltäglichen Handlungsablauf ausprobiert, werden. Dabei ist eine offene, neugierige Haltung, wie sich das Leben mit dem neuen Wert anfühlt und auswirkt, hilfreich (vgl. Beispiel in Abschnitt 4.3.2). Meist sind nur ein paar zusätzliche Gedanken erforderlich, um einen neuen Wert zu leben, denn wählen und entscheiden müssen wir sowieso.

Wie motiviert wir einen Wert leben, hat wiederum Auswirkungen auf unsere Befindlichkeit: Wenn wir einen neu erkannten Wert mit *Begeisterung* in unser Leben „einbauen", erleben wir eine hohe Intensität und Energie. Wir sind beseelt von diesem Wert und motiviert, ihn – wo auch immer möglich – umzusetzen. Dadurch erkennen wir viele Übungsmöglichkeiten und die Umsetzung fällt uns leicht. Unsere Begeisterung kann auch andere zum Mitmachen animieren (beispielsweise Veganer-Bewegung). Aber: Vorsicht vor Missionierung der Menschen, die andere Werte haben.

Werte mit *Freude* anwenden, ergibt ein gutes, zufriedenes Gefühl. Man ist überzeugt von den erkannten Werten und setzt sie „unaufgeregt" im Alltag um, beispielsweise in der Freiwilligenarbeit.

Bereitwilliges Anwenden von Werten beruht auf der Einsicht, dass nicht alles, was uns wertvoll ist, auch Spaß machen muss. Trotzdem herrscht eine gute Grundstimmung (z. B. vermehrt Food Waste verhindern, auf Verringerung der Abfallproduktion achten und Verkehrsmittel CO_2-bewusst wählen).

Werte leben *müssen,* d. h. die Werteumsetzung wird als Notwendigkeit erkannt, ist aber mit Aufwand und / oder Verzicht verbunden. Dies wird nicht als berauschend empfunden, hinterlässt aber trotzdem ein gutes Gefühl.

Schritt 3: Den Alltag als Übung nutzen

Allerdings ist es mit einer einmaligen Anwendung eines Wertes noch nicht getan. Wenn uns ein Wert „in Fleisch und Blut" übergehen soll, weil wir ihn für wichtig – eben *wert*voll – halten, brauchen wir Übung. Üben ist wichtig, weil erst eine neue neuronale Verbindung hergestellt wird, wenn sich der Aufwand lohnt, d. h. Reize, die verknüpft werden sollen, müssen oft genug zusammen aufgetreten sein. Die neuronale Neuverdrahtung in unserem Gehirn erfolgt nach 21 Tagen, erst dann haben wir gelernt. Deshalb empfehlen Mentaltrainer*innen: Drei Wochen lang täglich Neues üben, eine Woche Pause. (Allenfalls wiederholen, bis man zufrieden ist.) Das Praktische daran ist, dass der Alltag gleichsam als Übungsfeld dient, um das neue Verhalten zur Gewohnheit werden zu lassen.

Schritt 4: Wieder im Autopilot – die neuen Werte leben

Sobald der neue Wert genügend geübt worden ist und im Alltag gebraucht wird, gelangt er in den Autopilot-Modus: Wir wenden den neuen Wert jetzt automatisch an und brauchen uns vorerst nicht mehr um ihn zu kümmern. Es gibt neben unzähligen Möglichkeiten, seine Werte bewusst im Alltag zu leben, auch verschiedene Intensitätsstufen: von einer Lightversion bis zum Vollengagement.

- Beispiel Empathie mit Notleidenden:
  1. Finanzielle Spende
  2. Arbeiten in einem Komitee zur Unterstützung von Notleidenden
  3. Konkrete direkte Unterstützung
- Beispiel Mitleid mit Nutztieren:
  1. Verzicht auf übermäßigen Fleischkonsum
  2. Als Vegetarier*in leben.
  3. Sein Umfeld über das Thema informieren und kulinarische Alternativen empfehlen.
  4. Persönlicher Einsatz für Nutztiere oder entsprechende finanzielle Spenden

4.3.2 *Wertvolles Alltagshandeln*

Werte nur zu *haben* reicht nicht, wir müssen sie auch *leben*. Und dazu bietet sich der ganz gewöhnliche Alltag als Übung an. Denn jede Entscheidung beinhaltet ein Wert-Urteil, wir entscheiden uns für das für uns Wertvollere. Wie wäre es, wenn wir uns immer mal wieder unserer Werte bewusst werden, indem wir im Alltagstrubel kurz innehalten? Denn bekanntlich ist nicht alles gleich*wertig* und gleich*gültig*. Der Alltag als Übung präsentiert nicht nur Möglichkeiten für Wert-Entscheidungen, sondern auch Möglichkeiten für wertvolles Handeln.

> „Es gibt nichts Gutes. Außer man tut es."
>
> (Erich Kästner)

Durch das Leben selbst erschaffen wir unsere Werte und diese Werte dienen uns als Kompass im Werte-Dschungel des Lebens. So gestalten wir unsere Lebensbedingungen und unsere Umwelt – und diese wirken auf uns zurück. Täglich durchlaufen wir unzählige Kreisläufe von der Wahrnehmung bis zum Handeln – und an jeder „Station" finden wir Werte – unsere Werte? Die folgende Abbildung 4.1 zeigt auf, wo überall Werte drinstecken.

Wertvolles Alltagshandeln: An verschiedenen ‚Stationen' (1) bis (8) im Alltagshandeln ist es möglich, unsere Werte zu leben oder unberücksichtigt zu lassen – beides hat Konsequenzen für alle Beteiligten im Interaktionsprozess.

Für uns selbst bedeuten gelebte Werte gute Gefühle, Zufriedenheit, gutes Selbstwertgefühl, Balance – kurz: Wohlbefinden.

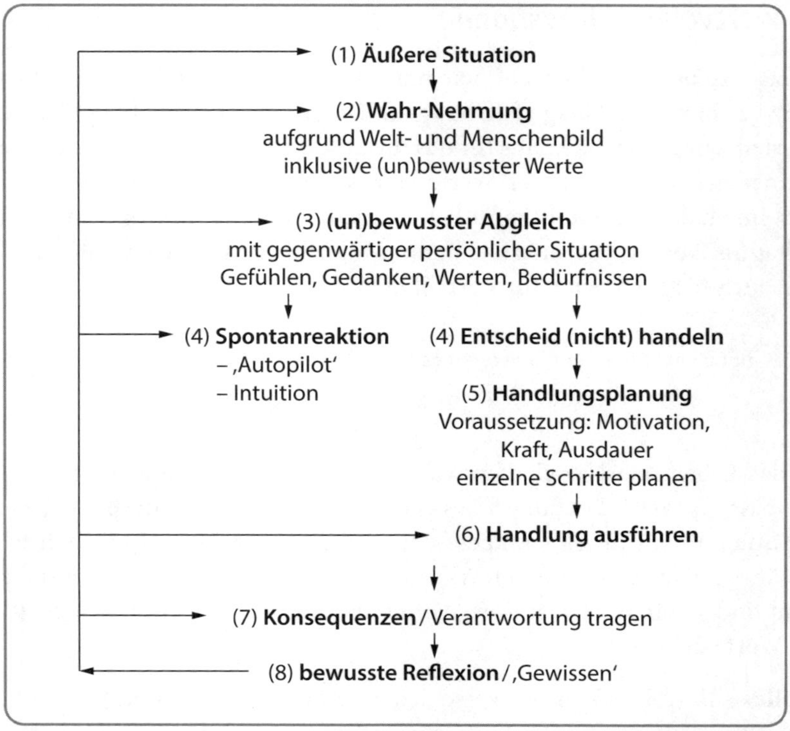

Abbildung 4.1: Wertvolles Alltagshandeln

(1) Alltägliche äußere Situation
Beispiel: *Pia, Peter und Paul beobachten unabhängig voneinander, wie ein Radfahrer stürzt.*

(2) Wahr-Nehmung (auch „objektive Wahrheiten" werden von verschiedenen Menschen unterschiedlich „für wahr genommen"): Eine wichtige Voraussetzung für die Wahrnehmung der Situation sind Aufmerksamkeit (Wachsamkeit, Interesse) und Achtsamkeit (Sorgsamkeit, Sensibilität). Die Wahrnehmung ist einerseits abhängig von unserem Welt- und Menschenbild, d. h. unserer persönlichen Interpretation der Welt. Es gibt so viele verschiedene Menschen- und Weltbilder, wie es Menschen gibt. Das eigene Menschenbild ist uns oft so selbstverständlich, dass es kaum infrage gestellt wird. Im Menschen- und Weltbild sind unsere persönlichen Werthaltungen integriert. Wahrnehmung ist quasi das Bindeglied zwischen Außen- und Innenwelt. Allerdings ist sie nur für denjenigen „wahr", der wahrnimmt – für andere Beteiligte gelten wieder andere Wahrnehmungen. Oder: Man erkennt, was man bereits kennt.

Pias Weltbild ist religiös. Aufgrund des Aufrufs zur Nächstenliebe ist Hilfeleistung daher oberste Pflicht für sie.
Peters Weltbild ist humanistisch. Seine wichtigsten Werte sind Empathie, Solidarität, Selbstbestimmung. Er ist gern bereit, Hilfe zur Selbsthilfe zu geben.
Pauls Weltbild ist egozentrisch, er ist sich selbst der Nächste. Helfen? Nur, wenn es unbedingt sein muss.

(3) Abgleich: Die einkommende Information wird mit den vorhandenen Werten, Gefühlen, Gedanken, Befindlichkeiten und Bedürfnissen verglichen. Lässt sich das soeben Wahrgenommene einordnen, wird dies auch getan. Lässt es sich nicht einordnen, kommt es zu einer sogenannten kognitiven Dissonanz, einem als unangenehm empfundenen Gefühlszustand aufgrund unvereinbarer Einstellungen, Wünsche etc. Was muss nun angepasst werden: unsere Werte oder die neue Information? Oder blenden wir das Geschehen einfach aus? Ist nicht, was nicht sein darf? Hier lauern auch →Vorurteile und →Stereotype (*die* Frauen, *die* Amerikaner etc.) Wir sehen nie das große Ganze, sondern immer nur einen kleinen Teil aller möglichen Wirklichkeiten – und trotz allem trauen wir unserer Wahrnehmung …
Bei keiner der Beispiel-Personen ergibt sich eine kognitive Dissonanz. Für alle ist klar, dass dem Radfahrer etwas zugestoßen ist.

(4) Spontanreaktion oder Handlungsentscheidung: Bei einer Spontanreaktion reagieren wir auf eine äußere Situation unbewusst, quasi im Autopilot-Modus. Diese Automatismen basieren auf (Lern-)Erfahrungen und auf kognitiven Prozessen. Auch Intuition kann sich in einer Spontanreaktion zeigen.
Bei einer bewussten Handlungsentscheidung ist es die persönliche Einschätzung der Situation, die uns handeln oder eben nicht handeln lässt. Auch frühere Lebenserfahrungen spielen hier mit rein sowie aktuelle biologische Impulse, die emotionale Befindlichkeit – und natürlich die Werte.
Pia reagiert spontan und rennt sofort zum Verunfallten hin. Seit sie selbst einen Unfall erlitten hat, trägt sie stets ein Notfallset dabei. Ohne lange zu fackeln, versorgt sie dem Radfahrer das blutende Knie. Dazu braucht sie keine Handlungsplanung, Denken ist aber auch bei Spontanhandlungen angesagt.

(5) Handlungsplanung: Wir sind motiviert und fähig zur Reaktion und planen, wie wir auf die Situation reagieren wollen. Dabei ist unser freier Wille Voraussetzung für unsere Handlungsfreiheit.
Peter hält inne, wartet und beobachtet, wie der Radfahrer wieder aufsteht, ein paar Schritte humpelt und dann sein Rad zurechtbiegt. Er ruft ihm zu, ob er Hilfe brauche, und geht weiter, als dieser verneint.
Paul denkt: „Wie der die Kurve geschnitten hat, ist er selber schuld an seinem Sturz" – und geht seines Weges, ohne ihn eines weiteren Blickes zu würdigen.

(6) Handlung ausführen: Die konkrete Handlung muss laufend der Situation angepasst werden, d. h., die Planung kann meist nicht 1:1 umgesetzt werden.
Pia muss zuerst klären, um welche Verletzungen es sich handelt, bevor sie loslegt.

(7) Konsequenzen: Verhalten kann kurzfristige oder langfristige Konsequenzen nach sich ziehen, und zwar für alle Beteiligten. Entsprechend müssen wir auch die Verantwortung für unsere Handlungen übernehmen.
Für den Radfahrer hat die erhaltene respektive nicht erhaltene Hilfe auf physischer, psychischer und sozialer Ebene Auswirkungen.
Jede der drei Personen muss ihr Handeln respektive Nicht-Handeln verantworten. Wäre der Radfahrer liegen geblieben, hätten Pia und Peter ihm geholfen. Und Paul? Auch unsachgemäße Hilfe kann bei einem Unfall längerfristige Konsequenzen haben.

(8) Bewusste Reflexion: Nach der Handlung (ob spontan oder überlegt) schaut man zurück und fragt sich, ob Ziel, Mittel und die Werte stimmig waren oder was bei einer nächsten ähnlichen Situation vermehrt berücksichtigt werden müsste. Es darf auch mal ein Eigenlob sein …
Pia muss ihren Samariter-Dienst verantworten: Hat sie richtig gehandelt? War die Hilfe nötig, erwünscht und angemessen?
Peter muss seine Nicht-Hilfe verantworten: Hat er die Situation richtig eingeschätzt? War er vorschnell zufrieden mit der Antwort des Radfahrers, dass alles in Ordnung sei? Oder wollte er nur pünktlich zu seinem Date kommen und hat deshalb die Situation günstiger eingeschätzt, als sie in Wirklichkeit war?
Paul muss seine Nicht-Hilfe ebenfalls verantworten: Kann er wirklich den Vorfall beurteilen? Warum richtet er so hart? Wo bleibt seine Empathie?

Automatische Gewissensreaktion: Wir alle kennen das Gewissen, das gute, das uns ein wohliges, angenehmes Gefühl bereitet, und das ungeliebte schlechte Gewissen.
Welche der drei Personen hat nun ein gutes Gewissen? Und wieso?

> „Verantwortung tragen wir nicht nur für das, was wir tun.
> Verantwortung tragen wir auch für das, was wir nicht tun."
>
> (Laotse)

4.3.3 Umgang mit Stillstand und Rückfällen

Wie bei allen Lernprozessen müssen wir auch beim Umsetzen von neuen Werten mit Rückfällen in altes Verhalten und Phasen scheinbaren Stillstands rechnen. Für diese Fälle können folgende Tipps weiterhelfen:

- Neue Werte und Überzeugungen hegen und pflegen: Sich immer wieder mal der Vorzüge der neuen Werte / Einstellungen bewusst werden; evtl. mit anderen Menschen darüber diskutieren oder Tagebuch führen, um die eigene Werte-Entfaltung zu beobachten.
- Imagination, d. h. sich immer wieder bildhaft vorstellen, wie der Wert gelebt werden kann. Dabei ist die Erwartungshaltung wichtig: Henry Ford wird folgende Aussage zugeschrieben: „Egal, ob du glaubst, du kannst es, oder ob du glaubst, du kannst es nicht, du hast immer recht!"
- Die Wichtigkeit des Übens kann kaum genügend betont werden, v. a. wenn man bedenkt, wie rasch wir jeweils wieder in alte Verhaltensmuster zurückfallen. Dann hilft: Ohne Selbstvorwürfe (!) wieder mit Üben beginnen …
- Sich auch bei der Umsetzung neuer Werten bewusst sein: Nobody is perfect! Geduld und sich selber gut zureden. Für Perfektionist*innen: Oft ist „gut" besser als „perfekt" …
- Ein guter Helfer bei der Umsetzung von (neuen) Werten ist der innere Coach, der in Kapitel 6 vorgestellt wird.
- Wenn neue Werte größere Verhaltensveränderungen nach sich ziehen, kann auch ein Coaching oder eine Therapie eine gute Unterstützung bieten.

An sich, seinen Werten und deren Umsetzung im Alltag zu arbeiten führt zu Selbstentfaltung und einem besseren Selbstwertgefühl. Wir können auch aus unseren Fehlern und Unvollkommenheiten lernen: Wir alle sind auf dem Weg … Dieser Weg kann manchmal beschwerlich sein, wie die unten stehenden Zeilen, verfasst von der amerikanischen Sängerin, Schauspielerin und Autorin Portia Nelson (2012), so trefflich zum Ausdruck bringen:

Das Loch in der Straße – Autobiografie in fünf Kapiteln

I
Ich gehe die Straße entlang.
Da ist ein tiefes Loch im Gehsteig.
Ich falle hinein.
Ich bin verloren ... Ich bin ohne Hoffnung.
Es ist nicht meine Schuld.
Es dauert endlos, wieder herauszukommen.

II
Ich gehe dieselbe Straße entlang.
Da ist ein tiefes Loch im Gehsteig.
Ich tue so, als sähe ich es nicht.
Ich falle wieder hinein.
Ich kann nicht glauben, schon wieder am gleichen Ort zu sein.
Aber es ist nicht meine Schuld.
Immer noch dauert es sehr lange, herauszukommen.

III
Ich gehe dieselbe Straße entlang.
Da ist ein tiefes Loch im Gehsteig,
Ich sehe es.
Ich falle immer noch hinein ... aus Gewohnheit.
Meine Augen sind offen.
Ich weiß, wo ich bin.
Es ist meine eigene Schuld.
Ich komme sofort heraus.

IV
Ich gehe dieselbe Straße entlang.
Da ist ein tiefes Loch im Gehsteig.
Ich gehe darum herum.

V
Ich gehe eine andere Straße.

REFLEXION

Mein wertvolles Handeln im Alltag

- Lebe ich meine Werte? Was bedeutet es für mich, unbeachtete Werte zu haben?
- Wann habe ich in letzter Zeit mein Verhalten bewusst verändert? Welche Werte stecken dahinter?
- Was waren die Schwierigkeiten bei der Veränderung? Wie konnte ich diese Schwierigkeiten überwinden?
- Was beachte ich bei einer Reflexion des Alltagshandelns? Wie halte ich es mit meinem Gewissen?

Die Anstrengung lohnt sich: Denn erst gelebte Werte machen das Leben wert- und sinnvoll!

5. Blockierte Werte und die Konsequenzen

„Eigentlich bin ich ganz anders – nur komme ich selten dazu."

(Ödön von Horwáth)

Man ist oder verhält sich anders, als man eigentlich möchte? Die Werte und das tatsächliche Verhalten stimmen nicht überein? Wenn die Herausforderung der Werte-Realisierung zur Überforderung wird, können die Werte blockiert werden. Blockierte Werte beeinträchtigen unser Befinden, unsere Kommunikation mit anderen Menschen und ramponieren letztlich unser Selbstwertgefühl. Wo es genau klemmt beim Umsetzen von Werten, lässt sich durch die Reflexion in Abschnitt 5.1 erkennen.

Wir blockieren unsere Werte zum Teil selbst durch negative Befindlichkeit (Stress, Ärger, Frust), durch Bequemlichkeit (innerer Schweinehund) oder schlechtes Gewissen.

Innerer Schweinehund: „Du willst das Sofa doch nicht etwa verlassen, um im Regen zu joggen?"

In Abschnitt 5.2 „Blockierte Werte – durch uns selbst" betrachten wir diese Selbstwertkiller genauer, damit wir einen adäquaten Umgang mit ihnen finden und dadurch unsere selbst gewählten Werte leben können. Wir betrachten unsere Befindlichkeiten, nehmen Kontakt auf mit unserem inneren Schweinehund und inspizieren das schlechte Gewissen.

Auch andere Menschen können unsere Werte blockieren, wie Abschnitt 5.3 „Blockierte Werte – durch ‚die andern'" zeigt: sowohl einzelne Menschen als auch die verschiedenen Gruppen, in denen wir uns täglich befinden.

Schwindler, Lügner, Manipulator: „Nein, ich war's sicher nicht!"

Blockierte Werte können massive Konflikte auslösen, die auch eskalieren können. Dieses Kapitel gibt Hinweise für das tägliche Ausbalancieren von Werten sowie Tipps für ein Konflikt-Management.

Weitere Einflüsse, die unsere Werte blockieren können, sind der ganz normale Wertewandel, seltenere, aber umfassendere Werteumbrüche und Wertekrisen. Abschnitt 5.4 zeigt auf, wie es zu Wertekrisen kommt und wie man sie managen kann.

5.1 Wo genau „klemmt" es?

Der Vergleich von Werte-Check 1 und Werte-Check 2 zeigt die Diskrepanzen zwischen „Werte haben" und „Werte leben". Verschiedenste Einflüsse können die Umsetzung von Werten blockieren. Ein Paradebeispiel sind die Neujahrsvorsätze: Wer hat sich nicht schon vorgenommen, weniger Süßes zu futtern oder weniger tief ins Glas zu schauen? Das Triebsystem (der innere Schweinehund) wehrt sich gegen das Kontrollsystem (Selbstbestimmung) und findet 100 Gründe, warum man das Vorhaben nicht ab 1. Januar umsetzen kann. Und im April fragt man sich, was man sich eigentlich vorgenommen hatte.

Joachim Bauer (2015) verweist auf eine Studie mit 2500 14- bis 95-jährigen Deutschen. Die Frage, ob man sich bemühen solle, sich an die eigenen Grundsätze zu halten, wurde nur von 54 Prozent bejaht! In dieser Studie antworteten die Teilnehmer*innen auf die Frage, was sie davon abhalte, „im Alltag das zu tun, was sie für sich selbst eigentlich für richtig halten", wie folgt:

- Fast zwei Drittel sagten, es sei das Fernsehen.
- Mehr als die Hälfte gab Süßigkeiten oder das Zwischendurch-Naschen ohne Hunger an.
- Ebenfalls mehr als die Hälfte meinten: „tun, was andere von mir erwarten" (sozialer Anpassungsdruck).
- Etwas weniger als die Hälfte gab Handy-Benutzung an.
- Bei einem Drittel waren es Internet, Alkohol, Zigarette (Suchtpotenzial).

„Zehn Prozent der Befragten haben quasi kapituliert und gestehen, grundsätzlich ‚wenig' oder ‚gar nicht' in der Lage zu sein, ihren eigenen Grundsätzen im Alltag irgendwie treu zu bleiben" (Bauer, 2015, S. 80). – Eine erschreckende Erkenntnis. Und diese Beispiele beziehen sich auf Ablenkungen in eher einfacheren Situationen – wie erst verhält es sich mit dem Leben von Werten in komplexeren Situationen?

Wer kann schon behaupten, all seine Werte immer konsequent zu berücksichtigen? Es ist durchaus menschlich, nicht alle seine Werte zu jeder Zeit einhalten zu können. „Immer" und „alle" – diese absoluten Aussagen funktionieren sowieso kaum. Doch: Zu wie viel Prozent müssen wir unsere eigenen Werte umsetzen, um mit uns zufrieden zu sein? Zu 50, 70, 80 Prozent? Wenn wir die für uns passende Balance finden, haben wir die Chance, ein gutes Selbstwertgefühl zu entwickeln und ein zufriedenes Leben zu führen.

Die folgenden Gründe, sich nach den eigenen Werten zu richten, sind weder als Anklage- noch als Rechtfertigungspunkte gedacht, sondern als Analysemöglichkeit für das eigene Verhalten. Eine solche Reflexion hilft, die kognitive Dissonanz zu vermeiden oder wenigstens zu verringern.

REFLEXION

Blockaden, die verhindern, dass ich meine Werte lebe

Ich betrachte Werte-Check 2. Welche der folgenden Hindernisse blockieren die Umsetzung meiner Werte (Tabelle 5.1)?

Diese Hindernisse blockieren die Umsetzung meiner Werte	Trifft zu:
Beschränkungen durch Zeit, Geld, Sachzwänge, Wetter ...	
Ablenkungen aller Art (Konsum, Medien ...)	
Ich kann (will) nicht: „Dafür bin ich zu jung / zu alt, zu dick / zu dünn, zu krank ...“	
Mitmenschen: Sie können die Umsetzung unserer Werte erschweren, indem sie sie ablehnen, bestreiten, entwerten ...	
Lernen am Modell: Wir beobachten das Handeln und dessen Konsequenzen unserer Mitmenschen. Wurde der Nachbar wegen des Falschparkens nicht bestraft, machen wir's auch.	
Autorität: sture Vorgesetzte, Gruppendruck durch das Arbeits- oder Sportteam; generelle Angst vor Prestigeverlust resp. Angst vor Ablehnung oder Rückweisung.	
Persönliche Hindernisse: miese Stimmung, (Stress, Ärger, Frust), körperliche Beschwerden, Überforderungsgefühle, Inkonsequenz (problembewusst – aber genussorientiert) ...	
Verantwortung abschieben: „Ja, *man* sollte ... (bei den anderen anfangen zu sparen; die anderen sollten ...)“ Und: „Es nützt ja doch nichts, ich allein kann doch nichts ändern.“	
Pseudo-Rechtfertigung: „Ich kann ja nichts dafür, dass ...“ oder „Er / sie hat das aber auch getan!“	
Faule Ausreden, d. h. kleine Lügen: „Tut mir leid, ausgerechnet dann habe ich leider keine Zeit.“	

Diese Hindernisse blockieren die Umsetzung meiner Werte	Trifft zu:
Aufschieberitis: „Eigentlich sollte ich, habe aber keine Lust / mache ich morgen." Ein Aufschieben zieht meist weitere Aufschiebereien nach sich (bis wir unser Vorhaben ganz „vergessen" haben ...)	
Ein mangelndes Selbstwertgefühl, das sich in Gedanken äußert wie: „Ich bin nicht gut genug", „Das schaffe ich nicht", „Ich bin zu jung / zu alt" etc.	
Rückfall in **Verhaltensmuster der Kindheit** während schwieriger Zeiten (z. B. Opfer- oder Täter-Rolle, den Unschuldigen / Unbeteiligten spielen etc.)	
Mangelnde **Kooperation** und / oder **Zivilcourage** aufgrund von Angst (vor Blamage, eigenem Nachteil), weil man es sich nicht zutraut ...	
Sonstiges:	

Tabelle 5.1: Mögliche Werte-Blockaden

Wenn wir die unzähligen Möglichkeiten von Werte-Blockaden auf dem Hintergrund des WERTE-Interaktionsmodells betrachten, ergeben sich zwei große Gruppen möglicher Ursachen:

- **Blockierte Werte – durch uns selbst:** Wir können die Umsetzung unserer Werte selbst blockieren durch negative Befindlichkeit (Ärger, Stress, Frust), Bequemlichkeit (Einschränkungen, Ablenkungen, Aufschieberitis, faule Ausreden, Verantwortung abschieben), Lernen am Modell, Pseudo-Rechtfertigung, Rückfall in frühere Verhaltens-Muster.
- **Blockierte Werte – durch „die anderen":** Auch „die anderen" können die Umsetzung unserer Werte blockieren: Einzelne Mitmenschen, Gruppendruck; sowie mangelnde Sozialverträglichkeit von Einzelnen oder Gruppen.

Jedes Handeln und jedes Nicht-Handeln hat Konsequenzen – und wir müssen dafür die Verantwortung tragen. Die eigenen Werte nicht zu leben führt zu kognitiver Dissonanz, d. h. zu einem inneren Kampf mit sich selbst, zu endlosen Rechtfertigungsschleifen in Selbstgesprächen, warum man etwas getan / nicht getan hat.

Als Erwachsene die – selbst gesetzten! – Werte nicht umzusetzen grenzt an Selbstsabotage, denn dies mindert längerfristig unseren Selbstwert – das höchste Gut, das wir haben. Ein malträtierter Selbstwert blockiert auch die Umsetzung der anderen Werte – ein Teufelskreis entsteht. Um dies zu verhindern und damit wir unsere Werte (wieder) leben können, müssen wir die Blockade lösen. Werte „deblockieren" und klären hilft nicht nur, aus Wertekonflikten herauszufinden, sondern auch, sich und seine Werte weiter zu entfalten.

Je nach Ausprägung der Differenz Werte haben – Werte leben sind die Folgen inkonsequenten Verhaltens für einzelne Menschen eine Beeinträchtigung des Selbstwertgefühls, in sozialen Gruppen erfolgen Konflikte; im Globe folgen Katastrophen (beispielsweise Klima).

Es gibt kein perfektes Leben, alle Menschen machen Fehler, wir müssen die eigene Unvollkommenheit akzeptieren – und auch diejenige der anderen …

5.2 Blockierte Werte – durch uns selbst

Wie der Vergleich der beiden Werte-Check-Listen gezeigt hat, können wir uns selbst im Weg stehen bei der Werteumsetzung, v. a. durch negative Befindlichkeit, Bequemlichkeit (innerer Schweinehund) und diverse Formen des schlechten Gewissens. Betrachten wir daher Ursachen und Konsequenzen eigener Werteblockaden genauer.

5.2.1 *Negative Befindlichkeiten*

Müssen wir „in Stimmung" sein, um unsere Werte zu leben? Und lassen diese sich beliebig „an- und ausknipsen"? In einer positiven Grundstimmung können wir unsere Werte gut leben, während die Umsetzung in schwierigeren Zeiten oder in negativen Stimmungen (z. B. während Phasen von Ärger, Frust, Zweifel) Mühe machen kann.

Ärger: Man kann sich über alles ärgern: über andere, über die aktuelle Situation und auch über sich selbst. (Man kann, muss aber nicht.)

Frust: Ent-Täuschungen basieren meist auf nicht erfüllten Erwartungshaltungen, z. B. enttäuscht sein vom Verhalten anderer Menschen, von einer gewissen Situation, von der Vergangenheit, vom Schicksal etc.

Stress erwischt uns auf sämtlichen Ebenen unserer Dimensionen: kognitiv, emotional und physisch. Nicht alle Menschen lassen sich von den gleichen Faktoren stressen. Dauer und Intensität der Ereignisse sind ausschlaggebend für das Befinden.

Überforderung: Multitasking, sich zu vielen Einflüssen (Social Media & Co) aussetzen, nichts verpassen wollen, hohe Leistungsanforderungen etc. – dies alles kann in die Überforderung und in die Burnout-Spirale führen. Auch in Bezug auf das Leben neuer Werte können wir uns derart überfordern, dass wir aus Selbstschutz unser Vorhaben einstellen.

Gedankenkreisen: Die ständige Wiederholung negativer Gedanken und Gefühle (Ärger, Frust, Wut, Aggression) vergällt uns längerfristig den Lebensalltag. Wiederkäuen negativer Gedanken stresst und belastet den ganzen Menschen und macht letztlich krank (gekränkt sein).

Sich selbst im Wege stehen: Eigentlich wollen wir einen bestimmten Wert leben, der uns sinnvoll und vernünftig erscheint, doch irgendwie blockieren wir uns selbst. Warum nur? Angst vor Verzicht, vor Einschränkung unserer Handlungsfreiheit oder eine kindliche Reaktion aufs „Brav-sein-Sollen"?

Generell blockieren negative Gefühle die Umsetzung unserer Werte, was zu noch mieseren Gefühlen führt, die ihrerseits wiederum das Umsetzen der Werte erschweren. Dadurch kann eine negative Abwärtsspirale entstehen, die den Selbstwert sabotiert.

Tipps für Verbesserung der Befindlichkeit

Miese Gefühle gibt es immer wieder, ein paar Coping-Strategien helfen, sich von ihnen nicht unterkriegen zu lassen und dadurch seine Werte zu verraten. Es geht hier nicht um die krampfhafte Selbstoptimierung mit dem Ziel des Dauerlächelns und Dauerglücks, sondern um die Förderung der eigenen Befindlichkeit, um zufriedener und „wert-voller" leben zu können. Betrachten wir Gefühle wie Ärger, Stress und Frust einmal genauer, und wie man sie durch → Selbststeuerung bewältigen kann:

Für den Moment ...

1. **Fünf Sekunden innehalten:** Die durch Ärger / Stress / Frust ausgelösten Gefühle werden achtsam *wahr*-genommen und beobachtet, was genau ist. In diesen fünf Sekunden liegt die Macht zur Reaktion, d. h. die freie Wahl.

> „Zwischen Reiz und Reaktion liegt ein Raum.
> In diesem Raum befindet sich unsere Macht zur Wahl unserer Reaktion.
> In unserer Reaktion liegen unsere Entwicklung und unsere Freiheit."
>
> (Victor Frankl)

2. **Entscheiden,** wie lange ich im negativen Affekt und seiner Ausdrucksweise (fluchen, zetern etc.) verbleiben will. Indem ich entscheide, wie lange ich noch wüten möchte, komme ich aus der Abhängigkeit („Der andere macht mich wütend!") heraus und übernehme wieder die Kontrolle über meine eigenen Gedanken und Gefühle.
3. **STOPP** sagen zu den negativen Gedanken und Gefühlen, wenn diese selbst gewählte Frist abgelaufen ist, und:
   - körperliche Erregung abbauen durch Bewegung (kann auch Gehen im Raum, Hüpfen auf der Stelle, sportliche Betätigung sein oder – sehr effektvoll – ein Handtuch „würgen");
   - Gedanken beruhigen, indem die Situation zielorientiert statt problemorientiert betrachtet wird, d. h. indem Lösungsstrategien gesucht und gefunden werden; Gefühle besänftigen durch eine gute Tat für sich selbst.

Einige Zeit später ...

4. **Analyse:** Was genau frustriert mich wirklich und warum? Was steht hinter meinem Ärger / Stress / Frust? (Beispielsweise ein angegriffenes Selbstwertgefühl, Verletzung meiner Wertvorstellungen, Auslöser von Ohnmachtsgefühlen?)
5. **Handlungsalternativen** für zukünftige ähnliche Situationen suchen. Eigene Erwartungshaltung klären: Was will ich wie verändern? – Oder soll ich lernen, solche Situationen so anzunehmen, wie sie sind?
6. **Training:** Den nächsten Ärger / Stress / Frust abwarten (er kommt bestimmt) – und als Herausforderung, als Übungsmöglichkeit zur Umsetzung dieses Programms betrachten.

Zusätzlich gilt zu bedenken:

- **Anti-Ärger-Bewusstsein:** „Sich ärgern macht alles nur noch ärger und verbessert die ärgerliche Situation überhaupt nicht. Nichts und niemand auf der Welt hat die Macht, mich zu ärgern, denn ärgern kann ich nur mich selbst."
- **Anti-Stress-Bewusstsein:** „Stress kann sich weiterentwickeln und in einem Burnout münden. Bevor diese negative Spirale sich dreht, klären, weshalb ich mich stressen lasse (Thema Selbstwert? Angst vor Prestige-Verlust etc)."
- **Anti-Frust-Bewusstsein:** Frust hat damit zu tun, dass sich ein Mensch, die Situation, das Schicksal etc. nicht so verhalten, wie wir es erwarten und wünschen. Es handelt sich um Ent-Täuschungen. Wenn ich all meine Ent-Täuschungen betrachte, ergibt sich dann ein Muster? Wie kann ich dieses durchbrechen? Die wichtigste Frage ist hier: „Was kann ich ändern, was kann ich nicht ändern und muss es daher akzeptieren, und wie kann ich das eine vom andern unterscheiden?"

Es lohnt sich: Ärger zu bearbeiten, bevor er zu aggressiv-destruktiver Wut wird, Frust zu bearbeiten, bevor er zu Resignation und Depression wird, und Stress zu bearbeiten, bevor er in den Burnout mündet. Bei wiederkehrenden, festgefahrenen Mustern oder auftauchenden Traumata empfiehlt es sich, professionelle Hilfe in Anspruch zu nehmen.

Es lohnt sich für eine bessere Befindlichkeit und Sozialverträglichkeit, es lohnt sich, weil dadurch die eigenen Werte besser umgesetzt werden können, und es lohnt sich für die eigene Selbstentfaltung, von der auch unsere Nächsten profitieren.

5.2.2 *Innerer Schweinehund*

Bei Beschränkungen aller Art lohnt es sich, genau zu beobachten, ob diese nur billige Ausreden oder wirkliche Hindernisse sind. Und die Frage stellt sich dann: Will ich meine Werte den Umständen oder die Umstände meinen Werten anpassen? Eine ähnliche Frage stellt sich beim Problem der Ablenkungen. Ablenkungen aller Art (Konsum, Medien) sind eigentlich „neutral"; wir *müssen* uns nicht „zudröhnen". Auch hier lässt sich fragen, warum wir uns billig ablenken lassen, anstatt unsere echten Bedürfnisse und Werte zu leben.

Aus Bequemlichkeit faule Ausreden anzubieten: Dabei kommt der Wert „Aufrichtigkeit" unter die Räder und wir lernen auch nicht, uns abzugrenzen. Zudem ebnet dieses Verhalten den Weg zu weiteren, größeren Unwahrheiten – und damit verschieben sich die Wert-Grenzen *(shifting baselines)*. Aus Bequemlichkeit Verantwortung abschieben: Wenn wir erkennen, was schiefläuft, aber zu bequem sind, unseren Teil zu einer Verbesserung beizutragen, behelfen wir uns mit dem Hinweis: „Ja, *man* sollte mal …" So fühlt sich niemand verantwortlich und alles geht so weiter wie bisher! Dumm nur, dass wir selbst auch betroffen sind davon …

Bei Aufschieberitis lohnt es sich, die Hintergründe zu klären. Mögliche Gründe dafür können sein: Die Werte können nicht gelebt werden, weil wir uns damit überfordern oder am eigenen Perfektionismus oder zu hohen (eigenen, fremden) Ansprüchen scheitern. Die Klärung der Hintergründe bringt uns also einiges an Selbsterkenntnis – manchmal wird dadurch erst der Wert „lebbar". Lustlosigkeit: „Heute hab ich keine Lust, meine Werte zu leben" – dies ist quasi eine Auszeit vom Leben, denn zurück bleibt erst mal ein fahler Geschmack, später ein ramponiertes Selbstwertgefühl. Es lohnt sich, kurz innezuhalten und sich zu fragen, was genau dahinter steckt.

All diese Bequemlichkeiten werden oft auch als innerer Schweinehund bezeichnet: Die innere Stimme beschwichtigt uns und fixiert uns in unserer Komfortzone mit

Sprüchen wie: „Du hast dich schon genug angestrengt, gönn dir doch noch ein paar Bierchen“, „Gegen deinen Arbeitsfrust helfen dir bestimmt diese feinen Pralinen“, „ein Thriller entspannt dich besser als Joggen“, „Sport ist Mord, mach's dir bequem auf dem Sofa“ etc.

Der innere Schweinehund – unser Tröster? Er bewahrt uns vor Überanstrengung und möchte, dass wir es bequem haben. Er mag keine Veränderungen, d. h., er mag keine kurzfristigen Unannehmlichkeiten ertragen, auch nicht für ein tolles Ziel in der Zukunft. Er will es immer gemütlich haben, naschen, Spaß erleben – wie ein Kleinkind. Deshalb veranlasst er uns dazu, passiv in Situationen zu verbleiben, die für uns überholt sind, verhindert so eine Auseinandersetzung mit neuen Herausforderungen und verbaut uns dadurch die Zukunft. Längerfristig sabotiert uns der innere Schweinehund, indem er jegliche Entwicklung verhindert. Trotz seiner vordergründigen Freundlichkeit muss er zu den sogenannten Selbstwert-Killern gezählt werden. Warum der innere Schweinehund so zäh ist und uns immer wieder erwischt, zeigt der Vergleich von Trieb- und Kontrollsystem (Abschnitt 3.3.1).

Den inneren Schweinehund zähmen

Wir können den inneren Schweinehund nicht immer gewähren lassen, schließlich sind wir erwachsen und möchten gewisse Ziele erreichen. Wir können nicht vor dem Schweinehund weglaufen – denn wir haben ihn immer dabei. Je mehr wir ihn bekämpfen, desto häufiger taucht er auf, denn solange wir ihn bekämpfen, bekämpfen wir uns selber.

Wir müssen lernen, mit unserem Schweinehund zu leben, indem wir ihn akzeptieren – und die Kontrolle über ihn übernehmen, kurz: ihn zähmen. Das bedeutet keine rigorose Disziplin, ab und zu mal ein feines Pralinchen darf durchaus sein. Wichtig ist die Balance von Nachgeben (mit Genuss und ohne Selbstvorwürfe!) und klar auf der persönlichen Zielgeraden (Selbstbestimmung und freier Wille) bleiben. Beispielsweise könnten wir eine halbe Stunde auf dem Sofa rumlungern statt einen halben Tag oder drei Pralinen verputzen statt der ganzen Schachtel. Indem wir immer wieder von Neuem mit dem inneren Schweinehund verhandeln, bleiben Selbstbestimmung und Genuss in einem ausgewogenen Verhältnis.

Dressur-Tipps:

1. Erkennen, wo, wie und wann der innere Schweinehund uns begegnet.
2. Den inneren Schweinehund und seinen positiven Zweck erkennen und akzeptieren.
3. Dem inneren Schweinehund Grenzen setzen, ihn an die kurze Leine nehmen.
4. Klare Entscheidungen treffen – und durchziehen (egal, wie sehr er knurrt).
5. Lernen, auch negative Gefühle auszuhalten (statt gleich dem Schweinehund auf den Leim zu gehen und uns mit irgendwas zuzudröhnen).
6. Bewusst auch mal auf den inneren Schweinehund hören – und dies auch genießen.

Weil die Auseinandersetzungen mit dem inneren Schweinehund zäh sein können (er kennt ja unsere Schwachstellen bestens), folgt in Tabelle 5.2 ein Verhandlungsbeispiel (in Anlehnung an Marco von Münchhausen, 2002, S. 199):

Verhandlungstaktik Ich will A, Schweinehund will X	**Beispiel** „Ich *sollte* (!) mich bewegen." Der innere Schweinehund (S) will zu Hause bleiben.
Fragen, welche positive Absicht er mit X verfolgt. Seine positive Absicht würdigen	Ich: „Warum möchtest du zu Hause bleiben?" S.: „Es ist so gemütlich und warm hier." Ich: „Ja, das stimmt, aber ich sollte mich dringend bewegen." S.: „Nö, Sport ist Mord!" Ich: „Es stinkt mir ja auch, aber für die Gesundheit ..." S.: „Siehst du, Sport muss doch auch Spaß machen."
Fragen, ob er von X ablässt, wenn seine Absicht auch auf andere Weise erreicht wird. Alternativen ausdenken und nachfragen, welche er akzeptiert	Ich: „Ja, warm und gemütlich fühlt sich besser an, als im Nieselregen zu joggen. Was hältst du davon: Ich gehe raus, aber nur halb so lang, dafür täglich? Oder wie wär's mit einem Yoga-Kurs?" S.: „Yoga ist besser: Es findet drinnen statt und nur einmal pro Woche – das reicht für die Gesundheit!" Ich: „O. k., ich melde mich gleich an."
Wichtig: Sich an die Abmachung halten und den inneren Schweinehund nicht versuchen auszutricksen, sonst funktioniert die Kommunikation nicht mehr.	

Tabelle 5.2: Verhandlung mit dem inneren Schweinehund

Statt den inneren Schweinehund zu bändigen, kann man auch die andere Seite stärken: die Selbstkontrolle.

- **Kraft der Gedanken:** Sich vorstellen, eine Versuchung existiere gar nicht, das Objekt der Begierde ausblenden (Schokolade oder Bier gar nicht erst kaufen oder jemandem zur Aufbewahrung überlassen oder nur zu bestimmten Zeiten rangehen etc.).
- **Andere Bedeutung** geben; z. B. können sich Diabetiker*innen oder Menschen, die abspecken wollen, vorstellen, Süßes und Fettes sei Gift, unappetitliches Geschlabber etc.
- **Alternativen betrachten:** Was wäre, wenn … man sich seine Befriedigung in einem interessanteren Job vorstellt und der Versuchung widersteht, den Abendkurs für ein rasches Feierabendbier zu schwänzen …
- **Wenn-dann-Regelsystem:** Eine Gewohnheit wird reflexartig abgespult, auch wenn der innere Schweinehund keine Lust dazu hat, z. B. vor dem Schlafengehen Zähne putzen. Dies machen wir auch, wenn wir sehr müde sind – einfach aufgrund der Wenn-dann-Regel. Dieses Regelsystem können wir auf neues Verhalten anwenden, z. B. jeweils nach dem Sonntagsbrunch joggen zu gehen …

REFLEXION

Meine Selbstbestimmung

A) Den inneren Schweinehund zähmen

- Wo, wie und wann begegnet mir mein innerer Schweinehund?
- Wovor will er mich „beschützen" / wovon abhalten?
- Wie kann ich seinen positiven Zweck würdigen?
- Wie kann ich ihm Grenzen setzen?

B) Meine Selbstkontrolle stärken

- Wofür brauche ich Alternativen? Wie kann ich mir diese selbst schmackhaft machen?
- Was möchte ich wie und wann in mein Wenn-dann-Regelsystem einbauen?

5.2.3 Das Gewissen

Da ein schlechtes Gewissen unangenehm ist, wollen wir es möglichst rasch loswerden und versuchen, es zu verdrängen oder zu überspielen. Diese Verdrängungsversuche stören allerdings massiv die Balance Werte – Verhalten: beispielsweise, wenn die missachteten Werte ganz oder teilweise „ausrangiert" werden oder dauernd irgendwelche oberflächlichen Ausreden gesucht werden. Aber auch ein permanent schlechtes Gewissen – ohne Verhaltenskorrektur – führt nicht zur „Besserung“, sondern blockiert die noch vorhandenen Werte. Dieses Dilemma kann gelöst werden, indem wir das schlechte Gewissen nicht verdrängen, sondern genau betrachten, worum es sich handelt: Ist es die Konsequenz daraus, dass wir uns nicht so verhalten haben, wie wir uns hätten verhalten wollen – oder sollen? Das bedeutet, dass Gewissensbisse ausgelöst werden, weil wir unsere *eigenen* Werte, aber auch weil wir irgendwelche *fremden* Werte nicht eingehalten haben. Wollen wir uns aber piesacken lassen für Werte, die gar nicht die unseren sind? Es gilt also, zwischen eigenen und fremden Werten zu unterscheiden – zwischen eigenem und fremdbestimmtem Gewissen.

Das Gewissen wird je nach Perspektive unterschiedlich definiert. Diese verschiedenen Deutungen helfen uns, den „Mix des Gewissens“ zu erkennen:

- Die **Stimmen des Kinder-Navis** haben wir bereits kennengelernt. Falls diese inneren Stimmen sich noch einmal melden, wollen sie auch heute noch die Werte und Benimmregeln aus unseren Kindertagen verteidigen und uns bei Zuwiderhandlung mit miesen Gefühlen sanktionieren. Wir erkennen sie an „Aussagen“ wie „Das tut man nicht!“, „Schäm dich!“ u. a. Wie in Abschnitt 3.1 aufgezeigt, können wir sie durch nochmaliges Überdenken der Werte, die sie transportieren, unschädlich machen. Damit kommen wir raus aus der Opferrolle des abgewerteten Kindes und entscheiden selbst, welche Werte und welches Verhalten uns entsprechen.
- Die Stimmen unserer **inneren Kritiker** stammen ebenfalls aus unserer Kindheit und sind quasi zu Lebensmottos geworden. Sie wurden vermittelt durch unsere Bezugspersonen und die Umwelt. Oft können sie auch heute noch heftige Gewissensbisse auslösen – und das Selbstwertgefühl ramponieren. Wichtig ist, hinter der Zurechtweisung die Botschaften und Ressourcen zu entdecken!
  - „Lass das, das kannst du sowieso nicht!“ Die Aufgabe dieses „Entwerters“: Er will uns davor bewahren, uns mit zu großen Aufgaben zu übernehmen und dann dumm dazustehen. Seine Ressource: Schutz des Selbstwerts (wenn auch sehr ungeschickt!).
  - „Mach schnell, du verpasst sonst noch das Leben!“ Die Aufgabe dieses Antreibers: Wir sollen keine Chancen verpassen. Seine Ressource: Wahlfreiheiten wahren.
  - „Du bist nur in Ordnung, wenn du perfekt, d. h. fehlerlos bist!“ Die Aufgabe dieses Perfektionisten: Wir sollen gute Leistungen erbringen und keine Pfuscharbeit. Seine Ressource: Respekt und Anerkennung.
  - „Du bist nur okay, wenn du es allen recht machst.“ Die Aufgabe des „Everybodys Darling“: Wir sollen uns anpassen, damit wir nicht anecken, sondern geliebt werden. Seine Ressource: Harmonie.

Statt sich fertigmachen zu lassen von diesen Selbstwertkillern, lohnt es sich, deren Botschaften zu erkennen und diese mit den eigenen Werten abzugleichen. Ebenso lohnt es sich, die Ressourcen selbst wahrzunehmen und zu pflegen (vgl. Abschnitt 3.2).

- Gewissen als innere **Gottes-Stimme**? Wir werden in ein mehr oder weniger religiöses Umfeld hineingeboren – der ursprüngliche Glaube ist also nicht freiwillig. Die Vermittlung von Werten und Normen durch Erziehung enthält dementsprechend auch mehr oder weniger religiöse Anteile. Das Gewissen, wie es im Christentum bekannt ist, findet sich in anderen Religionen wie dem Buddhismus oder dem Hinduismus so nicht. In der katholischen Theologie wird Gewissen als innere Gottes-Stimme verstanden, der es unbedingt zu gehorchen gilt, da sie unfehlbar ist. Diese sogenannte Gottes-Stimme kann aber manipuliert werden durch Erziehung, Menschenbilder, Wertvorstellungen, Ideologien; sie kann auch falsch verstanden, abgestumpft und betäubt werden. Diese Haltung verhindert Selbstverantwortung – und zementiert die Macht der kirchlichen Autorität. Evangelische Theologie versteht das Gewissen seit Luther nicht als metaphysische Realität, sondern als geprägt durch Erziehung und abhängig von Zeit und Ort, Sozialschicht, Geschlecht etc. Daher beruft sie sich auch auf individuelle Gewissensentscheidungen.
  Streng religiöse Menschen sollten trotz innerer göttlicher Stimme selbst auch Verantwortung übernehmen für ihre Werte und ihre Taten. Es reicht nicht, ein religiöses Weltbild zu haben und den Rest dem lieben Gott zu überlassen.

- **Pseudo-Gewissen** – ein mieses Gefühl, das erst in späteren Jahren entsteht. Es wird oft eingeleitet mit: „Sorry, ich habe ein schlechtes Gewissen …", und dann folgt irgendeine Ausrede dafür, warum dieses oder jenes (nicht) getan wurde. Das Gewissen wird hier bemüht, um dem Kommunikationspartner zu sagen, dass einem etwas – vielleicht – peinlich ist. Wenn im Alltag immer wieder „das schlechte Gewissen" bemüht werden muss, weil man schon wieder vergessen hat, eine E-Mail zu beantworten etc., ist eine Klärung von Ansprüchen und Werten (eigenen und fremden) gemessen an der Realität angebracht.
  Es gibt auch Nutznießer dieses ungeliebten Gefühls, die dieses gezielt und schamlos für den eigenen Profit provozieren, indem sie die Botschaft vermitteln: „So, wie du bist, bist du nicht o.k., und es ist deine Schuld, wenn das so bleibt, denn mit dem Kauf von XY, den richtigen Mitteln etc. könntest du ‚richtig' sein / werden." So hört man denn: „Ich schäme mich, weil ich zu dick bin, und bestelle sofort das gesamte Diät-Sortiment der Firma X." Diese absichtlich erzeugte Scham stammt aus dem Pseudo-Gewissen, weil sie auf fremden und nicht auf den eigenen Werten basiert. Will ich mir aufgrund fremder Werte ein mieses Gefühl bescheren lassen? Je nachdem, wie die Antwort und die Reaktion ausfallen, können wir den

„Ohnmachtsbereich" des Pseudo-Gewissens verlassen und Verantwortung für das Handeln nach den eigenen Werten übernehmen.

- **Feedback-Stimme.** Auch wenn wir sorgfältig unsere Werte reflektiert haben und sie immer wieder in Balance bringen in sozialen Interaktionen, gibt es trotzdem noch Momente des schlechten Gewissens: nämlich dann, wenn wir uns entgegen unseren eigenen Werten verhalten haben. Durch dieses „miese Gefühl" können wir unser Fehlverhalten erkennen, den angerichteten Schaden wiedergutmachen und unser Verhalten künftig besser an unsere Werte anpassen. Dieses Gewissens-Feedback hilft uns also, unsere *eigenen* Werte genauer zu erkennen und zu leben. Wir sollten es nicht als inneren Gerichtshof (Kant) betrachten, in dem wir gleichzeitig Ankläger, Angeklagter und Verteidiger sind, sondern quasi als „Feedbackzentrale", die freundlich, aber klar ausweist, ob wir unsere Werte gelebt haben oder nicht. Diese Feedback-Stimme sollte als einzige – wertvolle – Gewissens-Stimme unsere Aufmerksamkeit erhalten.

Wie können wir aber in diesem Sammelsurium die „echte", für uns wichtige Feedback-Stimme erkennen? Die folgenden Tipps unterstützen uns beim Erkennen als auch beim Umgang mit diesen inneren Stimmen.

Konstruktiver Umgang mit Gewissensstimmen

1. **Identifizieren:** Je besser wir die inneren Gewissensstimmen unterscheiden können, desto besser können wir mit ihnen umgehen. Eigentlich ist nur die Stimme des Gewissens-Feedbacks wertvoll. Pseudo-Gewissen, Reste des Kinder-Navis, „Gottes"-Stimme und innere Kritiker sind meist Selbstwertkiller.
2. **Botschaft erkennen:** Was genau sagt eine bestimmte Stimme? Welche Werte vertritt sie? Was ist deren eigentliche Aussage? Wie kann mir diese bei der Selbstentfaltung helfen?
3. **Selbstbestimmung:** Sind das meine Werte, die das Gewissen kritisiert, oder handelt es sich um alte oder fremde Werte? Leiden für fremde Werte kann man getrost „abstellen". Alte Werte aus dem Kinder-Navi können nochmals überprüft und modifiziert oder „ausgemistet" werden. Für die eigenen, nicht eingehaltenen Werte müssen wir aber Verantwortung übernehmen.
4. **Der innere Coach** (Kapitel 6) kann helfen, die verschiedenen Gewissensstimmen zu unterscheiden und den größtmöglichen Nutzen daraus zu ziehen – ohne miese Gefühle und Selbstwerteinbußen.

REFLEXION

Meine Gewissensstimmen

- Welche Gewissensstimmen erkenne ich?
- Welche Botschaften und Werte stecken dahinter? Fordern sie meine oder fremde Werte?
- Wie kann ich die Botschaft der inneren Stimmen nutzen?
- Erkenne ich noch Stimmen aus dem Kinder-Navi? Was sagen diese Stimmen genau?
- Wie gehe ich mit meiner Feedback-Stimme um?

5.3 Blockierte Werte – durch „die anderen"

Die Multidimensionalität von uns Menschen (vgl. Abschnitt 1.2) und unsere Handlungsfreiheit bieten unendliche Möglichkeiten für unser Denken, Fühlen und Handeln. Im Kontakt mit einem oder mehreren anderen ICHs begegnen uns viele verschiedene Werte, Haltungen und Menschen- / Weltbilder. Für ein gutes Einvernehmen müssen wir die unterschiedlichen Werte immer wieder ausbalancieren (vgl. WERTE-Interaktionsmodell und WERTE-Schieberegler).

Durch die vielfältigen alltäglichen Interaktionsmöglichkeiten ergeben sich auch entsprechende kommunikative oder zwischenmenschliche Schwierigkeiten. Ob Schwierigkeiten auch immer Möglichkeiten sind? Oft finden wir die Wertediskussionen um Aufgabenteilung in der Familie, die Art der Beurteilung im Mitarbeiter-Gespräch oder den Nachbarschaftsstreit (Musik oder Lärm?) nicht unbedingt ersprießlich …

> „Wir sehen in den anderen Menschen nicht Mitmenschen, sondern Nebenmenschen – das ist der Fehler."
>
> (Albert Schweitzer)

5.3.1 *Sabotierte Werte*

Verhindern „die anderen", dass wir unsere Werte leben können? „Die anderen" können gemäß WERTE-Interaktionsmodell (Abschnitt 3.4.2) sein: DU, WIR (die anderen in meiner Gruppe), IHR / SIE, d. h. sowohl einzelne Menschen als auch ganze Gruppen. Für ein gutes Einvernehmen müssen wir die unterschiedlichen Werte balancieren. Diese Ausbalancierung gestaltet sich mal einfach, mal schwieriger, je nach Kooperationsbereitschaft der Beteiligten. Viele Menschen fühlen sich direkt angegriffen, wenn ihre Werte ihrer Ansicht nach missachtet werden, da Werte Teil ihrer Identität sind. Soziale Interaktionen bergen daher einiges Konflikt-, aber auch Entfaltungspotenzial.

> „Es kann der Frömmste nicht in Frieden leben, wenn es dem bösen Nachbarn nicht gefällt."
>
> (Friedrich Schiller)

An dieser Stelle geht es nicht um die kleinen Nachbarschaftsstreitereien, sondern darum, dass wir unsere Werte aufgrund anderer Menschen nicht leben können. Beispiel: A möchte einen Flüchtling bei sich aufnehmen, aber der Nachbar B will dies verhindern, weil er Unannehmlichkeiten befürchtet. Während A seine Werte Empathie und Solidarität leben möchte, unterstellt ihm B evtl. „Gutmenschentum" oder fühlt sich genötigt, es ihm gleichzutun. Dahinter stecken unterschiedliche Wahrnehmungen, Werte, Bedürfnisse, Vorurteile ... und die Vorgeschichte, die die beiden Nachbarn miteinander haben.

Wären in diesem Beispiel nicht Nachbar A und B als Einzelpersonen gemeint, sondern die Nachbarsfamilien A und B oder gar die ganze Wohnsiedlung, würde die Anzahl der Werte und Verhaltensmöglichkeiten – und die Konfliktmöglichkeiten – weiter steigen.

Soziale Interaktionen – ob in Einzel- oder Gruppenkontakten – können Werte blockieren:

- **Ignoranz:** Eine soziale Interaktion beginnt mit der Wahrnehmung des anderen Menschen, dessen individuellen Merkmalen und dessen Verhalten. Dabei sind die beteiligten Personen nicht neutral, sondern begegnen einander aufgrund ihrer aktuellen Befindlichkeit, ihrer Werte und Weltbilder. Jeder sieht im Gegenüber die Person, die er / sie sehen kann / will, und nicht unbedingt, wie diese Person wirklich ist oder gesehen werden möchte. Wir kategorisieren nach Merkmalen, z. B. Alter, Geschlecht, Aussehen etc. Aufgrund dieser Beobachtungen kommt es oft zu Projektionen, d. h. das Erkennen von eigenen Eigenschaften im anderen Menschen, meist die eigenen, von uns abgelehnten Eigenschaften.
  Um mit der Komplexität des Alltags umgehen zu können, ordnen wir Ähnliches zu einer Kategorie und schaffen Stereotype; d. h. fixe Vorstellungen von Eigenschaften oder Verhaltensweisen, die Menschen aufgrund ihrer Zugehörigkeit zu einer bestimmten Gruppe zugeschrieben werden (*die* Frauen, *die* Manager, *die* Alten). Problematisch sind Stereotype dann, wenn sie nicht mehr hinterfragt und modifiziert, sondern negativ aufgeladen zu Vorurteilen werden. Dies kann zu Abgrenzungen oder feindseligen Haltungen „Wir gegen sie / ‚die anderen'" führen.

Werte werden blockiert, bevor sie überhaupt zur Diskussion stehen und ausbalanciert werden können: Der Wahrnehmende kann durch seine Vorurteile die Werte des anderen Menschen nicht erkennen und diesem nicht entsprechend begegnen. Der/die – verzerrt – Wahrgenommene kann seine/ihre Werte oft nicht in die Diskussion einbringen. Auch wenn wir unsere Vorurteile nicht ganz loswerden können, sollten wir uns immer wieder bewusst werden, dass nicht alle Individuen einer Gruppe genau gleich sind.

- **Insistieren:** Immer wieder kommt es vor, dass Interaktionsteilnehmer*innen auf ihren eigenen Werten beharren und nicht bereit sind, diese auch nur minimal zu modifizieren. In Gruppen können dies dominante Mitglieder, spezielle Rollenträger oder Leader sein, die sich auf Kosten anderer profilieren wollen.
  In diesem Fall bringt sich nicht nur der beharrlich-sture Mensch um Entwicklungsmöglichkeiten, sondern blockiert auch die Werte seiner Interaktionspartner*innen, die gemeinsame Aufgabe und den Globe. Solches Verhalten führt meist in den Konflikt (vgl. dazu Abschnitt 5.3.2).

- **Soziale Rollen:** Gruppen sind nicht homogen. Es finden sich verschiedene Positionen, die mit unterschiedlichem Prestige und Macht ausgestattet sind. Neben eher aktiven und eher passiven Menschen, Leadern und Mitläufern gibt es auch noch andere soziale Rollen. Diese sind mit bestimmten Persönlichkeitsmerkmalen und Verhaltenserwartungen verbunden, z. B. „Retter", „Clown", „Jammerer", „Gruppenmama" etc. Sie finden sich in Schulklassen, am Arbeitsplatz und in Freizeitgruppen. Rollen können freiwillig übernommen, aber auch von anderen zugewiesen werden. Indem Menschen nur in ihrer Rolle gesehen werden, können diese in ihrem Verhalten und in ihren Werten – und damit ihrer Identität – sabotiert werden. Am schlimmsten zeigt sich dies in der Rolle des Sündenbocks. Auf diesen Bedauernswertesten werden unliebsame Eigenschaften und „falsches" Verhalten projiziert, womit er/sie nicht nur seine Werte nicht leben, sondern auch noch angegriffen werden kann. Bei einem Ausscheiden aus der Gruppe wird er oft sofort ersetzt, denn es gibt nichts Praktischeres als einen Sündenbock …

- **Gruppendynamik – Gruppendruck:** Um „dazuzugehören", erwartet die Gruppe von den einzelnen Mitgliedern Integration, Zusammenarbeit, Wahrung der Gruppenwerte und -Interessen. Dafür bietet sie ein Wir-Gefühl (Zusammengehörigkeit), Selbstwertsteigerung, Orientierung und Struktur. Wer sich nicht anpasst, wird sanktioniert oder muss die Gruppe verlassen.
  Um zu einer Gruppe dazuzugehören, kann es zur Überidentifikation kommen, d. h., gewisse Mitglieder lechzen derart nach dem Zusammengehörigkeitsgefühl, nach Anerkennung und sozialem Status in der Gruppe, dass sie ihre eigenen Werte zugunsten der Gruppenwerte verleugnen. Hier lauert eine Gefahr für Werteblockaden: Wie weit wird Anpassung verlangt oder freiwillig geleistet?

Es kann ein Mitläufer-Problem entstehen, d.h. aufgrund der Angst vor Ausschluss vertreten andersdenkende Gruppenmitglieder ihre Meinung nicht mehr. Dadurch verpasst die Gruppe nicht nur wichtige Impulse, sondern kann sich auch zunehmend polarisieren und extremisieren (z. B. Sekten, Fundamentalisten).
Ähnlich funktioniert die sogenannte pluralistische Ignoranz, d.h., einige Gruppenmitglieder gehen davon aus, dass alle anderen dieselben Meinungen und Werte teilen, und passen sich an – obwohl eigentlich eine Mehrheit gar nicht dieser Meinung ist (z.B. Besäufnis in Jugendgruppen). Hätte man dies diskutiert ... So installieren sich Strukturen, die eigentlich niemand wollte, und Werte werden blockiert.
„Wir gegen sie“: Meist wird die eigene Gruppe besser bewertet als die andere (sonst wäre man in der anderen Gruppe). Der Konformitätsdruck oder der Wunsch nach Anerkennung veranlasst viele Menschen dazu, sich den vorherrschenden Vorurteilen ihrer sozialen Gruppe anzupassen. Dieses einseitige Freund-Feind-Bild sabotiert viele Werte im einzelnen Menschen und in der Gruppe. Verantwortungslosigkeit: Das einzelne Individuum fühlt sich in der Gruppe nicht verantwortlich für Taten anderer Gruppenmitglieder. Die Gruppe lässt sich evtl. auch zu Handlungen hinreißen, die ein einzelnes Individuum allein nie tun würde – im Positiven wie im Negativen.
Konformitätsdruck und Autoritätsgläubigkeit können zu blindem Gehorsam führen, bei dem sämtliche persönlichen Werte missachtet werden. Wie rasch eine Gruppen-Dynamik aufgrund von Autoritätsgläubigkeit und Mitläufertum kippen und bedrohlich werden kann, zeigen Beispiele aus totalitären Institutionen, Mittäter*innen in Bürgerkriegen und die Milgram-Experimente:

Milgram-Experimente

Freiwillige nahmen 1961 an einem Lernexperiment von Stanley Milgram, einem US-amerikanischen Psychologen, teil. Sie sollten als „Lehrer“ ihre „Schüler“ bei Fehlern mit Stromstößen strafen. Zuerst mit schwachen (45 Volt), bei jedem weiteren Fehler sollte die Spannung um 15 Volt gesteigert werden. Tatsächlich war der „Schüler“ ein Schauspieler, der keine Stromstöße erhielt, aber mit zunehmender Volt-Zahl lauter schrie.

Die meisten „Lehrer“ wurden verunsichert durch die Folgen der rüden Bestrafung ihrer „Schüler“. Sie wurden vom Versuchsleiter freundlich, aber bestimmt zum Weitermachen aufgefordert. Zudem versicherte dieser, die „Schüler“ hätten keine bleibenden Schäden und er würde die Verantwortung übernehmen. Von 40 „Lehrern“ gingen 26 bis zum bitteren Ende, d.h. bis zum vermeintlich tödlichen Stromschlag ...

Was wollte Milgram mit diesem Experiment aufzeigen? In der Nachkriegszeit war es unerklärlich, weshalb normale Menschen während des Holocaust zu Massenmördern wurden. Dieses Experiment sollte aufzeigen, wie Menschen unter Autoritätsdruck reagieren, und wurde mehrfach und mit Menschen verschiedener Nationen wiederholt. Überall ergaben sich dieselben erschütternden Ergebnisse: Man kann überall und jederzeit ganz normale Durchschnittsmenschen durch spezielle Umstände dazu bringen, unglaublich grausame Dinge zu tun. Und dies eben nicht nur im Experiment, sondern auch in der Realität, wie Folter und Vergewaltigungen in Kriegszeiten zeigen.

Unter Druck handeln viele Menschen auch im Alltag entgegen ihrer eigenen Werte. Dieser Druck kann nicht nur durch Autoritätspersonen, sondern auch durch Stress und widrige Umstände erzeugt werden. Und dieser Druck kann unmerklich erhöht werden, sodass er nicht als solcher erkannt wird *(shifting baselines).*

REFLEXION

Blockierte Werte durch „die anderen"

- Welche meiner Vorurteile verhindern mir eine freie Sicht auf (neue) Werte?
- Welche meiner Bekannten insistieren auf ihren eigenen Werten und blockieren dadurch meine Werte? Wann blockiere ich Werte anderer Menschen?
- Welche Rollen (und damit verbundene Werte) werden mir zugeschrieben in meinen verschiedenen Lebensbereichen? Passen mir diese oder will ich sie verändern?
- In sozialen Gruppen: Gehöre ich eher zu den Leadern oder zu den Mitläufern? – Inwiefern kann ich meine Werte in sozialen Gruppen leben?
- Was bedeuten die Milgram-Experimente für mich?

5.3.2 *Wertekonflikte*

Menschen und soziale Gruppen entwickeln sich – je nach Umweltbedingungen und Prägungen – unterschiedlich, was sich auch in voneinander abweichendem Denken, Fühlen und Handeln niederschlägt – und unterschiedliche Werte zur Folge hat. Dies ist nicht per se negativ, sondern beinhaltet auch positive Aspekte, nämlich eine gewisse Vielfalt und ein Entwicklungspotenzial, das sich gemäß WERTE-Interaktionsmodell auf alle Beteiligten und auch auf das Thema positiv auswirken kann.

Wir alle erleben ein tägliches Training im Ausbalancieren von Werten:

- **Das WERTE-Interaktionsmodell:** Konsensfindung durch Werte-Balance. Dabei sollen auch weder die Aufgabe noch der Globe aus den Augen verloren werden.
- **Der WERTE-Schieberegler:** Kein Entweder-oder, sondern ein differenziertes Aushandeln von Werten verhilft in einer komplexen Welt einen Konsens zu finden.
- **Die Goldene Regel verhilft zum gegenseitigen Verständnis:** „Was du nicht willst …" oder Kants kategorischer Imperativ: „Handle nur nach derjenigen Maxime, durch die du zugleich wollen kannst, dass sie ein allgemeines Gesetz werde."
- **Nicht nur Werte *haben*, sondern auch Werte *leben*** – und den WERTE-Schieberegler nie in den No-go-Bereich der Extremposition schieben (lassen)! Bei Autorität, Druck und Stress ist besondere Vorsicht geboten, damit wir uns und unsere Werte nicht verraten.

Wenn diese Balancierung und damit die Werte der Parteien blockiert werden, entsteht ein Konflikt. Ursachen von Konflikten finden sich in unterschiedlicher Wahrnehmung der Situation, Verständnisschwierigkeiten, Beziehungs-, Status und Rollen-Problemen, aber auch Verteilungs-, Ziel-, Mittel-Legitimationsprobleme etc. – Meist liegen mehr oder weniger bewusste Werte hinter diesen Ursachen. Wenn sich ein Konflikt abzeichnet, ergeben sich folgende Möglichkeiten:

Vermeidung. Menschen, die nach diesem „Harmoniemodell" agieren, wollen den Konflikt vermeiden, unterdrücken oder ihn einfach „so stehen lassen", d.h. nicht austragen. Dabei verlieren meist beide Seiten, da evtl. zu viel unter den Teppich gekehrt wird. Der Konflikt glimmt weiter still vor sich hin, bis er irgendwann wieder (evtl. in anderer Form) hochkocht.

Nachgeben. Hier ist das Mittel der Wahl die Flucht. Man gibt (freiwillig) nach und unterwirft sich. Die Bedürfnisse des „Opfers" bleiben auf der Strecke.

Zwang. Der „Täter" dominiert im Kampf und unterdrückt seinen Gegner: Aufgrund der Machtdifferenz muss die unterlegene Partei die Meinung, die Werte der Sieger-Partei übernehmen.

Kompromiss. Jede Partei macht Zugeständnisse, man trifft sich „auf halbem Weg". Es erfolgt eine gemeinsame Abstimmung: Die Mehrheit bestimmt.

Zusammenarbeit. Sie umfasst das Kooperieren und die Konsensfindung. Die Konfliktparteien versuchen Interessen und Bedürfnisse beider Seiten zu berücksichtigen.

Konflikteskalation

Alle Beteiligten tragen durch ihre Kommunikation und ihr Verhalten zur Entstehung, Aufrechterhaltung, Eskalation oder Lösung eines Konfliktes bei. Von Konflikt wird gesprochen, wenn Interessen, Ziele und Werte von Personen, sozialen Gruppen (Familie, Mitarbeiter, Sportkollegen) oder Staaten unvereinbar sind oder scheinen (z. B. als Rosenkrieg bekannte Scheidungsverläufe, Erbschaftskonflikte, „Ehrenrettung" bei Fundamentalisten etc.). Ein Konflikt kann außer Kontrolle geraten und in Gewalt münden. Dann geht es nur noch um Sieg und Niederlage.

Der Konfliktforscher Friedrich Glasl (2015) zeigt dies an seinem Konflikt-Eskalationsmodell auf (vgl. Tabelle 5.3).

Ebenen	Stufen	Konflikt
1. Ebene Win–win	1. Verhärtung	Spannungen, Aufeinanderprallen von Meinungen
	2. Debatte	Strategien, um den andern zu überzeugen; Streit
	3. Taten statt Worte	Druckaufbau; Konflikt verschärft sich
2. Ebene Win–lose	4. Koalitionen	Sympathisanten suchen; Gegner denunzieren
	5. Gesichtsverlust	Verlust des Vertrauens und der Glaubwürdigkeit
	6. Drohstrategien	Durch Macht versuchen Situation zu kontrollieren
3. Ebene Lose–lose	7. Schaden	Mit allen Tricks dem Gegner schaden
	8. Zersplitterung	Unterstützersystem des Gegners vernichten
	9. Gemeinsam in den Abgrund	Gegner vernichten – auch wenn man dabei selbst vernichtet wird

Tabelle 5.3: Konflikt-Eskalationsmodell nach Glasl

Anhand dieses Modells werden auch die zunehmenden Emotionen (Wut, Aggressionen) und die umfassende Zerstörungskraft ersichtlich. Ist den involvierten (Konflikt-)Parteien bewusst, auf welcher Stufe sie gerade stehen, haben sie die Möglichkeit, ihren Konflikt zu analysieren und bereits während des Konfliktverlaufs besser zu reagieren.

Das Konfliktmanagement soll die Ausbreitung oder Eskalation eines bestehenden Konfliktes verhindern. Auf der ersten Ebene der Eskalation nach Glasl ist die Situation noch halbwegs harmlos, Gespräche können noch zu einem Konsens führen, vielleicht greifen auch Außenstehende vermittelnd ein. Auf der zweiten Ebene geht es schon gar nicht mehr um die Sache, sondern darum, den Streit für sich zu entscheiden. Bei weiterer Eskalation empfiehlt es sich dringend, professionelle Unterstützung beizuziehen (z. B. Coaching oder Mediation). Auf Ebene 3 treten übrigens nach Glasl Werte und Tugenden in den Hintergrund.

Da es unzählige Möglichkeiten für soziale Konflikte gibt, existieren auch unzählige Theorien und Modelle zu Konfliktlösungen, die differenziert an den betreffenden Fall und die jeweilige Situation angepasst werden müssen. Wichtig: Das Gerechtigkeitsempfinden der Parteien stimmt i. d. R. nicht überein – schon gar nicht im Konfliktfall … Ziel dieser Konflikt-Bearbeitung ist die möglichst dauerhafte Lösung. Ein genereller Ablauf kann dabei folgendermaßen aussehen:
1. Eskalation stoppen und Deeskalation einleiten
2. Kommunikation der Kontrahenten (wieder) aufbauen
3. Klären der unterschiedlichen Interessen, Werte und Ziele
4. Win-win-Lösung anstreben durch Kooperation, Konsens, Kompromiss
5. Wenn kein Konsens gefunden werden kann, sollten die Streithähne getrennt und der Streitfall Anwält*innen übergeben werden.

5.4 Blockiert durch die Wertekrise?

Nicht nur unsere individuellen Werte verändern sich im Laufe der Zeit, sondern aufgrund der sich verändernden sozialen, politischen, kulturellen und ökonomischen Verhältnisse auch die Werte einer Gesellschaft. Dieser *generelle* Wertewandel führt unter Umständen auch zu einem *persönlichen* Wertewandel – und umgekehrt. Da gegenwärtig synonym von Wertewandel oder -krise gesprochen wird, folgt zunächst eine Differenzierung.

5.4.1 *Wertewandel, Werteumbruch, Wertekrise*

→ **Wertewandel:** Der Wandel ist eine Folge unserer Entwicklungs- und Anpassungsfähigkeit – im Positiven wie auch im Negativen. Meist geht ein Wandel unauffällig vonstatten, man spricht auch von *shifting baselines,* d. h. von einer sich unmerklich verschiebenden Orientierungslinie. Die meisten Menschen halten jenen Zustand ihrer Umwelt für den „natürlichen", der mit ihrer Sozialisation zusammenfällt. Aus diesem Grund unterscheiden sich auch die Wahrnehmungen von jungen und alten Menschen. Die Alten haben die Welt noch anders erlebt und für die Jungen ist „normal", was sie antreffen …

→ **Werteumbruch:** Während sich bei einem Wertewandel die Werte laufend den sich verändernden Lebensbedingungen anpassen, erfolgt bei einem Werteumbruch eine epochale Umwälzung, die beinahe alle gesellschaftlichen Bereiche erfasst.

In den 1970ern erfolgte eine solche epochale Umwälzung mit den neuen Werten Freiheit, Idealismus, Emanzipation, Selbstverwirklichung, Solidarität, Engagement etc. Diese wirkten sich aus auf Autoritäten, Kirchen, die Emanzipation der Frauen, Sexualität, Erziehung, Bildung, Freizeit, Politik etc. Die „neuen" Werte standen oft längere Zeit neben den „alten", es handelte sich also nicht um unmerkliche Werteverschiebungen.

Während in den 1970er-Jahren allen Menschen mit der Zeit klar wurde, dass eine größere Werteumwälzung im Gange war, war dies in den 1990ern nicht der Fall. Damals erfolgte ein kaum beachteter Werteumbruch: Alle Lebensbereiche wurden ökonomisiert, alles wurde nach seinem materiellen Wert beurteilt. Man spricht seither beispielsweise von Produkten und Konsumenten, auch wo diese Begriffe völlig deplatziert sind, z. B. in Bildungs- und Gesundheitsbereichen. Und mit den Wert-Begriffen veränderten sich auch die Wert-Inhalte: Reichtum, Besitz, Luxus, Wohlstand waren nicht mehr tabu. Hinter diesen Werten standen allerdings viele Unwerte wie Profitgier, Konsumterror, Skrupellosigkeit, Abzockerei, Irreführung etc. Dieser Werteumbruch schuf mehr Verlierer*innen als Gewinner*innen.

Heiko Ernst weist in seinem Buch *Wie uns der Teufel reitet: Von der Aktualität der 7 Todsünden* (2006) auf diesen Werteumbruch hin. Er zeigt, dass die sieben Todsünden umgewertet zum neuen Lebensstil gehören. Beispiel Habgier: Neoliberale Indoktrination und Globalisierung führen zur Selbstbereicherungsmentalität, Geldgier und Korruption in Politik und Wirtschaft sind längst Normalität. Währenddessen ist Geiz zur Staatsphilosophie geworden, der Staat *muss* sparen, schränkt öffentliche Aufgaben ein und senkt Steuern zugunsten der Reichen, auf Kosten der Armen. Beispiel Völlerei: Diese bezieht sich nicht allein auf das Einverleiben von Nahrungsmitteln. Der Konsummensch häuft Materielles an nach dem Motto „Ich kaufe, also bin ich". Diese Art der Völlerei lenkt von den wesentlichen Dingen ab und macht die Menschen manipulierbar. Die Abfallberge sind weitere Folgen dieser Völlerei.

Wie sehr sich die Ökonomisierung auf das ganze Leben auswirkt, zeigt Ernst im Kapitel Wollust auf: Der Wollüstige ist über die Triebabfuhr hinaus nicht interessiert am austauschbaren Objekt seiner Begierde, d. h., „schneller Sex ist der Inbegriff der Bedürfnisbefriedigung nach dem Muster des Tankens oder Einkaufens" (2006, S. 237).

→ **Wertekrise:** Eine Wertekrise ist noch umfassender als ein Werteumbruch. So löste beispielsweise der Mauerfall 1989 eine heftige Wertekrise aus. Viele Menschen der Ex-DDR waren verunsichert, was denn nun richtig, wichtig und wertvoll sei.

Gegenwärtig wird ebenfalls wieder oft von Krisen gesprochen, sei dies in Bezug auf Klima, Globalisierung, Neoliberalismus, Wirtschaftsdominanz, zunehmende soziale Ungerechtigkeiten, digitale Revolution, Flüchtlingskrise, Medienkrise etc. Stehen die Werte damit selbst auch in der Krise? Kann es denn eine Wertekrise geben, wenn diese doch flexibel sind? Ja und Nein: *Nein,* weil sie nicht außerhalb von uns Menschen existieren, sondern flexible Vorstellungen und Kommunikationsinhalte sind. Beispielsweise ist bei sozialen Ungerechtigkeiten die Tatsache der unfairen Verteilung der Ressourcen in der Krise – nicht aber der Wert „Gerechtigkeit". Im Gegenteil: Werte können in Krisensituationen Orientierungshilfen sein.

Ja, Werte können in Krise geraten, wenn sie auf manipulierten Tatsachen beruhen oder derart verbogen werden, dass sie das Gegenteil ihrer ehemaligen Bedeutung aussagen und damit eigentlich zu Unwerten werden, was sich beispielsweise in Begriffen wie „Gutmensch" und „Tugend-Terror" widerspiegelt. Denn Facts, d.h. die korrekte Darstellung von Sachverhalten, Tatsachen und Wirklichkeiten, sind *die Voraussetzung* für unsere freie Wertewahl. Es geht um nichts Geringeres als um Wahrheit und Echtheit einerseits und um Vertrauen und Sicherheit andererseits. Dabei sind die Medien – und ihre sorgfältigen Recherchen! – ein wichtiges Fenster zur *Wahr*nehmung der Welt.

Seit Menschengedenken wurden Fakes, d.h. Lügen (gedruckt oder als Bilder), gezielt eingesetzt für eigene Vorteile (Profit, Prestige und Macht) – sowohl von einzelnen Menschen als auch von Nationen. Manipulationen der Wahrnehmung durch Fakes erschweren die eigene Wertebildung oder machen sie unmöglich. Wenn man bedenkt, dass Werte Teil der Identität sind, wiegt diese Manipulation besonders schwer, denn Identität und Integrität eines Menschen werden dadurch verletzt. Wenn Individuen keine Werte mehr balancieren können aufgrund fehlender Facts, werden auch ganze soziale Gruppen in Mitleidenschaft gezogen, was sich dann wieder auf die einzelnen Individuen auswirkt. Dies kann als Wertekrise bezeichnet werden.

Generell wird von Krise gesprochen, wenn problematische Zustände nicht mit bisherigen Lösungsstrategien überwunden werden können, sondern sich zuspitzen bis zum Krisengipfel. Dabei treten Chaos, Verwirrung, Unsicherheit, Angst und Bedrohungsgefühle auf. Krisen enden aber nicht zwangsläufig in einer Katastrophe, sondern können auch gemeistert werden, woraufhin alle Beteiligten gestärkt daraus hervorgehen.

5.4.2 Die gegenwärtige Wertekrise

Gegenwärtig stehen wir vor riesigen globalen Herausforderungen, die Einfluss auf unsere Werte und Wertebildung, d. h. auf unsere wichtigste Orientierungshilfe, nehmen werden. Zusätzlich herrscht ein mächtiger Trend, der Werte und Wertebildung in die Krise führt und enorme Langzeitfolgen haben wird: die Manipulation durch das Facts-Fake-Gemisch. Dieser gefährliche Trend vergiftet das soziale Klima und verhindert durch die ausgelöste Wertekrise eine adäquate Lösung der anstehenden Probleme.

- **Krisenentstehung:** Das Chaos entstand durch die rasante digitale Ausbreitung von Fakes (Falschmeldungen, Lügen), Verschwörungstheorien, Populismus und Filterblase. Fakes sind verwirrende und zerstörerische Innenwelt-Verschmutzer! Neu ist der unübersichtliche Mix aus Facts, Fakes, Banalitäten, Werbung, Porno, Crime und Quatsch. Dies ist Manipulation pur, denn die *Wahr*nehmung wird sowohl diffus als auch z. T. gezielt irregeleitet! Während Fakes einzelne absichtliche Falschmeldungen sind, bestehen Verschwörungstheorien aus ganzen Theoriegebäuden von Halbwahrheiten. Dieses Chaos nutzen Populisten, um ihre „Wahrheit" zu verkünden:
  - **Wir-gegen-sie-Rhetorik:** Populisten meinen, sie allein würden das „eigentliche Volk" kennen. Volk wird dabei als homogene Masse verstanden. Populistische Anführer müssen das Volk (ihrer Ansicht nach) vor den elitären Politiker*innen (einst demokratisch gewählt!) retten. – Andersdenkende sind für sie irrelevant.
  - **Simplifizierung:** Sie wollen Komplexität reduzieren durch simple Problem-Lösungen, was ernsthafte Auseinandersetzungen blockiert. Dazu fördern sie Schwarz-Weiß-Denken, Opfer-Täter-Haltungen, Sündenböcke und platte Schuldzuweisungen etc.
  - **Alles sei relativ**, Facts und Meinungen seien gleichwertig, behaupten Populisten. Sie akzeptieren nur ihre eigene „Wahrheit": null Toleranz, null Diskussion.
  - **Umwertung der Werte:** Werte und demokratische Entscheide werden umdefiniert oder außer Kraft gesetzt. Populismus pervertiert die demokratischen Ideale.
  - **Tabubrüche** werden zunehmend akzeptiert und basale Anstandswerte gehen im Alltag verloren: Aggression, Hass und Mobbing sind salonfähig geworden.
- **Krisen-Folgen:** Diese chaotische Beliebigkeit, der Mix aus Facts und Fakes, führt bei vielen Menschen zu Verunsicherung, Vertrauensverlust und schürt Ängste, die zu Depression oder Aggression führen. Durch die zunehmende Verunsicherung werden viele zynisch oder apathisch – und manipulierbar. Das zunehmende Desinteresse an den Facts destabilisiert die ganze soziale Gesellschaft, z. B. wenn

Politiker der Lüge, Steuerhinterziehung, Veruntreuung überführt werden und das gar keine Rolle mehr spielt, sondern die Masse nur nach der nächsten Sensation giert.

- Ein **Merkmal einer Krise** ist, dass sie nicht mit den bisherigen Problemlösestrategien gelöst werden kann. Beispielsweise fruchtet es nicht mehr viel, wenn Fakes, Verschwörungstheorien etc. entlarvt werden – in der Zwischenzeit sind sie längst von neuen verdrängt worden und kaum jemand interessiert sich noch für das, was vor ein paar Tagen fälschlicherweise behauptet wurde.
- **Krisen-Ende:** Generell ist bei einer Krise die Zukunft offen. Katastrophe oder Transformation? Erst im Rückblick kann dies definiert werden, ebenso können erst dann die (möglichen) Chancen und Folgen der Krise erkannt werden. Wie endet wohl die gegenwärtige Wertekrise? Wie können wir als Individuen und in Kollektiven positiven Einfluss darauf nehmen?

In Krisen-Zeiten sind viele Menschen entsetzt, was sich (vor ihrer Nase!) zunehmend durchsetzt – unternehmen aber nichts, bleiben passiv und ohnmächtig und hoffen, dass es irgendwie doch noch gut wird. Warum beispielsweise schauen wir heute zu, wie sich der Mix aus Fakenews, Werbung, Sex and Crime über uns ergießt, Populisten sich breit machen, Neonazis und Rechtsextreme wieder an Macht gewinnen? Warum zucken wir die Schultern bei Cyber-Kriminalität und Hass-Orgien über die sozialen Netzwerke? Warum wählen wir Staatsmänner, die sexistische, rassistische und faschistische Ansichten ganz offiziell vertreten? Wohin diese Passivität und dieses Gewährenlassen führen, hat die Geschichte zur Genüge belegt.

Gerade an dieser Stelle können Werte helfen und uns animieren und motivieren, Gesicht zu zeigen, Zivilcourage an den Tag zu legen und für das einzustehen, was uns wichtig ist. So kann aus einer vermeintlichen Wertekrise eine echte Wertechance werden.

Stéphane Hessel hat zeit seines Lebens Zivilcourage und Partizipation bewiesen. Hessel, gebürtiger Berliner, nahm als Wahlfranzose an der Résistance teil, überlebte das KZ Buchenwald und war einer der Mitautoren der Menschenrechtserklärung der Vereinten Nationen. Dieser Mann erlebte die entsetzliche Werte-Krise des Zweiten Weltkriegs mit und rief noch im Alter von 93 Jahren (!) mit seinen beiden Büchlein *Empört Euch!* (2011a) und *Engagiert Euch!* (2011b) zu Folgendem auf:

- Die Einhaltung der Menschenrechte sei dringend.
- Die demokratischen Werte sollten unbedingt gewahrt werden; v.a. auch Meinungsfreiheit und unabhängige Presse.
- Das Gemeinwohl solle über den Einzelinteressen stehen: gerechte Verteilung des Wohlstandes, denn der größte Skandal sei die soziale Ungleichheit im Wirtschaftsleben und die wachsenden Unterschiede zwischen sehr arm und sehr reich.

- Nicht nur Wachstum für das BIP, sondern v.a. Bildung und Gesundheit seien zu fördern.
- Gegen die massive Umweltzerstörung propagiert er Bildung zu einem umfassenden Umweltbewusstsein.

Hessel war davon überzeugt, dass die Zukunft der Gewaltlosigkeit und der Versöhnung der Kulturen gehört. Er rief zum Engagement auf, d. h. sich nicht nur aufzuregen und passiv zu bleiben, sondern aktiv die Hoffnungslosigkeit und den Rückzug ins Private zu überwinden. Unser Engagement könne die Welt verändern: „… der große Strom der Geschichte nimmt seinen Lauf dank dem Engagement der vielen …“ (2011b, S. 10)

Paradox: Gerade die vielen ungelösten Probleme unserer Gegenwart bieten viele Möglichkeiten, unsere Werte zu erkennen und zu messen – und unsere Werte für eine gerechtere Gesellschaft einzusetzen.

„Äußere Krisen bedeuten die große Chance, sich zu besinnen.“

(Viktor Frankl)

5.4.3 *Persönliches Management der Wertekrise*

An dieser Stelle kann es nicht um einen großartigen Entwurf zur „Rettung der Welt“ gehen, sondern lediglich um Gedanken und Anregungen, wie der / die Einzelne mit dieser Wertekrise umgehen kann. Welche Möglichkeiten habe ich zum persönlichen Management dieser Krise – zum Schutz meiner eigenen Werte?

1. Eigene Wahrnehmung steuern
2. Fakten-Check: Facts oder Fakes?
3. Check der eigenen Informationsverarbeitung
4. Meine Werte checken
5. Partizipation

Eigene Wahrnehmung steuern

Welchen Einflussquellen setze ich mich aus, z. B. beim Eindösen vor dem Fernseher (der Mix Werbung-Crime-Porno-Schrott landet direkt im Unterbewusstsein), beim ständigen Am-Handy-Sein (muss ich wirklich sofort wissen, was meine Freund*innen im Moment gerade tun?) und in den sozialen Netzwerken (wie viele Likes habe ich heute?)?

Immer mal wieder bewusst Stopp sagen, innehalten und beobachten, was genau ich wahrnehme (als wahr hinnehme) und in welche Situation ich mich ggf. hineinmanövriert habe. Keine Flucht in die Opferrolle, sondern Selbstverantwortung! Das ist mitunter nicht ganz so bequem, macht aber gesünder, wehrhafter und selbstbestimmter.

Die Energie folgt der Aufmerksamkeit! Das bedeutet, das, was wir beachten und weiterverbreiten, erhält Energie und wächst dadurch. Sich ausschließlich auf die negativen Infos zu fokussieren, stärkt diese und schwächt uns selbst, indem wir Ärger und Wut empfinden. Daher ist es wichtig, auch das Gute im Schlechten zu erkennen: Extreme Pole provozieren mitunter zum Gegenteil, z. B. vom Negativen zum Positiven, so sind einige Menschen erst durch die „Keule des Populismus" wachgeworden, Bücher zum Thema Werte sind entstanden und viele Menschen sind bewusst auf der Suche nach dem, was für sie wirklich zählt: ihre Werte.

Fakten-Check: Facts oder Fakes?

Kann die Information stimmen? Aus welcher Quelle stammt sie?

Fake-Sofort-Test: Wirkt die Info dringend, suggestiv und appellativ? Spricht sie den / die Empfänger*in direkt an („Sie wollen doch auch … (verhindern)!", „Dies betrifft uns alle …")? Entspricht sie den Werten einer gesellschaftlichen Gruppe (Manifest, Protest-Flyer)? Soll sie weiterverbreitet werden? Werden Tatsachen und Meinungen gemischt?

Wahrheitsgehalt der Info überprüfen: Wo kann ich mich informieren, um Einsicht in Hintergründe und Zusammenhänge zu erhalten? Wer ist Sender*in der Info? Sind es Influencer*innen, die unheimlichen Miterzieher*innen unserer Kids, die sie zu Follower*innen, (Herdentieren) degradieren? Stammt die Info von einem / einer Selbstdarsteller*in aus der Eitelkeitsmaschine Facebook? Auch wiederholte Fakes werden nicht wahrer.

Ungewohntes beachten: Sich nicht einlullen lassen durch die ständigen Negativ-Nachrichten, sondern auch Abweichungen vom Mainstream erkennen, beispielsweise die positive Nachricht: Entgegen dem Gefühl einer Mehrheit, es würde alles nur noch mieser, geht es der Menschheit *relativ* gesehen besser. Betrachten wir dazu die Zahlen bezüglich globaler Armut (Mingels, 2017):

Jahr	Globale Armut: absolute Zahlen	in Prozent der Weltbevölkerung
1820:	1022 Mio. Menschen leben in absoluter Armut	über 90 Prozent der Weltbevölkerung
1970:	2218 Mio. Menschen leben in absoluter Armut	60 Prozent der Weltbevölkerung
2011:	990 Mio. Menschen leben in absoluter Armut	14 Prozent der Weltbevölkerung

Ähnliches berichtet Sebastian Herrmann in „Die Welt ist besser als ihr Ruf" (2018), indem er auf die Website www.Ourworldindata.org hinweist.

Check der eigenen Informationsverarbeitung

Informationsverarbeitung ist ein aktiver Prozess von Sender*in *und* Empfänger*in – sowohl im privaten als auch im öffentlichen Bereich. Der / die Empfänger*in nimmt die Nachricht (ob Facts oder Fakes) nicht 1:1 in sich auf, sondern „gestaltet" sie. Wir sind also für das Verständnis des Nachrichteninhalts ebenfalls verantwortlich. Wenn wir uns zudem folgender Informationsverarbeitungsprozesse unseres Gehirns bewusst sind, können wir der Opferrolle durch Manipulation mit Fakes, Verschwörungstheorien und Populismus besser entkommen:

Subjektive Wahrheit. Generell wird nicht die objektive Wahrheit betrachtet, sondern ob das Neue zum vorhandenen Wissen passt. Falls nicht, entsteht eine unangenehme kognitive Dissonanz, die wir vermeiden wollen, indem wir entweder das Neue an das eigene Denken anpassen oder das eigene Denken an das Neue oder das Neue einfach ignorieren. Manipulative Inhalte werden oft wiederholt, so überraschen sie nicht mehr, sondern „passen" bereits. Wie gehe ich persönlich mit „unpassenden" Infos um? Wie / wo kläre ich Ungereimtheiten?

Relevanz. Generell beurteilen wir nicht nach „wichtig" oder „unwichtig", sondern nehmen das Besser-Verständliche, das Eingängigere auf. Oft sind dies Fakes, da diese kurz und einprägsam sind – Facts aber kompliziert und langweilig … Manipulation wird oft mit simplifiziertem Inhalt mit Schlagworten serviert. Wie gehe ich mit langweiligen und wie mit sensationellen Infos um?

Vollständigkeit. Generell ergänzen wir die – gemäß unserer Meinung – fehlenden Teile einer Nachricht, bis alles „stimmt". Die Ergänzungen können aber ein verzerrtes Bild der Realität verursachen. Manipulationen lassen kein eigenes Denken, keine Interpretationen zu, sie sind „klar". Was genau habe ich erfahren, wo habe ich was „ergänzt"? Wird mir eine „pfannenfertige" Lösung angepriesen?

Appell. Hier steht die Frage im Vordergrund: Was soll ich mit der Information anfangen? Soll sie mich aufrütteln, meine Einstellung zu einer bestimmten Sache verändern, mich zu irgendwelchen Handlungen veranlassen? Manipulationen geben klar vor, wie zu denken und zu handeln ist. Stimmt dieser Appell mit meinen Werten überein?

Meine Werte checken

Nicht nur sollten wir die alltägliche Wertebalancierung trainieren, sondern auch immer mal wieder bewusst überprüfen: Stimmt mein Leben mit meinen Werten überein? Passe ich mit meinen Werten in die Gruppen, an denen ich teilnehme? Was passiert gegenwärtig mit Werten der Gesellschaft? Wie weit muss ich mich anpassen, inwiefern will / kann ich mich engagieren?

> „Sei du selbst die Veränderung, die du dir wünschst für diese Welt."
>
> (Mahatma Gandhi)

Partizipation

Wir alle sind gemeint! Besser, als die Faust in der Tasche zu machen, ist es, seine Ideen und Werte einzubringen. Bedenken wir: Es gibt nicht nur die Verantwortung des Staates gegenüber dem Einzelnen – der Einzelne ist auch Teil des Ganzen und damit mitverantwortlich. Niemand muss allein die sozialen Probleme lösen, die sich in den letzten Jahrzehnten aufgetürmt haben. Aber eine verantwortungsvolle, problembewusste Beteiligung im Rahmen des jeweils Möglichen tut not. Dabei sind verschiedene Intensitätsstufen möglich:

- Diskussion im Freundes- und Bekanntenkreis
- Demokratie: Rechte nutzen durch Abstimmen, Wählen, Demonstrieren etc.
- Finanzielle Unterstützung, um wertvolle Ideen verwirklichen zu helfen
- Aktive politische Beteiligung: Partei, Verband, Kommission
- Eigenaktivität, z. B. durch Schreiben von Büchern, Artikeln, Blogs oder auf andere kreative Weise (Comic, Theater etc.)

Es lässt sich also einiges bewegen als Ich, erst recht, wenn sich viele Ichs zu einem Wir zusammenschließen. Beispielsweise ist jede*r für seinen / ihren eigenen ökologischen Fußabdruck verantwortlich – aber gemeinsame Aktionen und Druck auf Regierungen bringen mehr als Einzelaktionen. Auch auf dieser sozialen Ebene wiederholt sich das kindliche Trotzen (hier: wir gegen sie): „Wenn der nicht muss, muss ich auch nicht", z. B. „Wenn die Chinesen einen so hohen CO_2-Ausstoß produzieren, was sollen wir Europäer dann noch auf unsere Flüge verzichten!?"

> „Der Gipfel des Wahnsinns ist es, auf Veränderungen zu hoffen, ohne etwas zu verändern."
>
> (Albert Einstein)

REFLEXION

Werte in der Gesellschaft

- Wie nehme ich den Wertewandel respektive die Wertekrise wahr?
- Was löst dies in mir aus?
- Wie kann ich dabei meine Werte wahren – und pflegen?
- Wo sehe ich Vor- und Nachteile des heutigen Wertepluralismus?
- Wo / wie kann / will ich mich einsetzen, damit wir alle unsere Werte leben können?

Während allen persönlichen und sozialen Wandlungen und Krisen geben uns Werte Halt, Orientierung und Identität. Es gibt nichts Patenteres als Werte! Allerdings müssen sie uns bewusst sein, von uns gepflegt und gelebt werden.

6. Mein innerer Coach

„Blicke in dich. In deinem Inneren ist eine Quelle, die nie versiegt, wenn du nur zu graben verstehst."

(Marc Aurel)

Mittlerweile hat das Kinder-Navi ausgedient und wir wählen unsere Werte selbst. Auch die Stimmen des einstigen Navis, die zu unseren inneren Kritikern geworden sind, haben wir überwunden sowie das Gewissen inspiziert. Doch wer unterstützt uns nun, unseren persönlichen Werten gemäß zu leben?

Diesem Helfer, dem inneren Coach, begegnen wir in Abschnitt 6.1. Entweder wir kennen ihn bereits – oder wir kreieren ihn. Was er alles kann und wie wir lernen, seine Stimme von anderen inneren Stimmen zu unterscheiden, findet sich ebenfalls in diesem Kapitel.

Die Zusammenarbeit mit unserem inneren Coach (Abschnitt 6.2) gestaltet sich wie in einer Freundschaft: Es geht um Beziehungspflege und gemeinsames Wachstum. Der Innere Coach ist wohlwollend, zeigt aber auch klar auf, wenn wir die eigenen Werte missachten, und weist auch mal darauf hin, dass das Leben zwar Spaß machen darf, aber nicht ausschließlich aus Fun besteht.

Konkrete Hilfe unseres inneren Coachs können wir auf vielfältige Weise erfahren: Sei dies im gewöhnlichen Alltag, bei Schwierigkeiten bei der Werterealisierung oder bei Werteblockaden, unabhängig davon, ob diese durch uns, andere Personen oder die soziale Wertekrise verursacht werden. Abschnitt 6.3 zeigt in direkten Aussagen, wie unser innerer Coach uns diesbezüglich unterstützen kann. Er interveniert selbstständig, wenn wir inkonsequent sind und unsere Werte verraten. Auch kann er trösten, aufmuntern und loben.

Bin ich bereit, ihn kennenzulernen?

Coach-Typen: Welchen wähle ich?

6.1 Der innere Coach: finden oder kreieren

Ein wertorientiertes Leben als Erwachsener zu führen ist anspruchsvoll. Wer unterstützt uns, gemäß unseren persönlichen Werten zu leben? So wie ein →Coach seine Klient*innen kompetent und empathisch auf dem Weg zu deren persönlicher Ziel- und Werteverwirklichung begleitet? Wie wäre es, eine so hilfreiche Person immer dabeizuhaben? Sozusagen einen „inneren Coach"? So wie wir einst unbewusst die kritischen inneren Stimmen kreierten, können wir als Erwachsene bewusst eine empathische innere Stimme kreieren, die uns beim Umsetzen unserer persönlichen Werte unterstützt: unseren inneren Coach.

Was ist eigentlich ein Coach und wie unterscheidet sich ein externer von einem internen Coach? Charakteristika eines guten Coachs: Er stärkt unser Potenzial, hilft bei der Ressourcenaktivierung, stärkt unser Selbstvertrauen, gibt Anregungen zur Selbstreflexion, hilft bei Perspektivenwechsel und dabei, Blockaden aufzulösen, unterstützt uns bei Problemen, Konflikten, Krisen und Schicksalsschlägen sowie bei Orientierungslosigkeit, Zukunftsängsten und Sinnkrisen. Ein Coach betrachtet uns als aktives, selbstverantwortliches Wesen, das im Hier und Jetzt lebt und sich mit sich selbst und seiner Umwelt auseinandersetzt. Die Beziehung zu unserem Coach basiert daher auf Vertrauen, Empathie und Wertschätzung. Kurz: Ein Coach ist ein kompetenter Begleiter auf dem Weg zu persönlicher Ziel- und Werteverwirklichung.

Es gibt Unterschiede zwischen einem externen und einem internen Coach: Ein externer Coach arbeitet zeitlich begrenzt aufgrund eines bezahlten Auftrags. Er ist unabhängig und die Beziehung ist eine professionelle und keine Freundschaftsbeziehung. Trotzdem basiert die Beziehung auf Vertrauen, Empathie und Wertschätzung.

Den internen Coach schaffen wir uns selbst, er ist Teil unserer Identität. Er arbeitet also unbefristet, unbezahlt, ist abhängig – und unser persönlichster Freund. Die Coaching-Werkzeuge sind hingegen ähnlich: Kommunikation, Anregungen durch Fragen, Hinweise zu Perspektivwechsel, Ressourcenarbeit, Tipps etc.

Zu beachten ist dabei: Kein Coach – weder ein externer noch ein interner – kann verhindern, dass wir in abstruse „-Ismen" (z.B. Fundamental*ismus*) abgleiten und entsprechende Unwerte entwickeln. Das Problem ist zum Beispiel bei Sektenmitgliedern bekannt, die spezifische Sekten-Werte vertreten und sich nach Verlassen der Sekte fragen „Wie konnte ich nur?!". Das menschliche Leben bietet viele Entwicklungsmöglichkeiten – aber auch ein „Restrisiko" – aufgrund unseres freien Willens.

Aufgabe und Nutzen des inneren Coachs

Als weiser Berater hilft er, die Werte umzusetzen die *wir* persönlich gefunden haben und *jetzt* für wichtig halten. Er beobachtet, wie wir unsere (neuen) Werte leben, und gibt Feedback, falls wir uns entgegen unseren erkannten Werten verhalten. Und dabei bleibt er freundlich und unterstützend. Die Unterstützung durch den inneren Coach fördert unser Selbstwertgefühl, unsere Lebensqualität und Sinnfindung:

- Durch das Feedback des inneren Coachs erfahren wir, wer wir sind, und können uns souveräner verhalten. Der innere Coach hilft, die eigenen Stärken und Schwächen realistisch einzuschätzen und entsprechend zu handeln (Selbstbewusstsein).
- Durch Ermutigung durch den inneren Coach glauben wir an uns selbst und wagen auch Neues. Der innere Coach hilft uns, unser Leben selbstverantwortlich zu führen (Selbstvertrauen).
- Er hilft uns zu erkennen und umzusetzen, was uns wirklich wichtig ist im Leben. Er unterstützt uns auch bei Wertekonflikten (Selbstverwirklichung).
- Der innere Coach wertet uns bei Fehlern nicht als ganze Person ab, sondern hilft zu differenzieren. So können wir uns auch Misserfolg erlauben und daraus lernen. Er leitet uns an zu einem respektvollen Umgang mit uns selbst (Selbstachtung und -akzeptanz).
- Durch Ermutigung durch den inneren Coach können wir uns unsere eigenen Bedürfnisse zugestehen und selbst erfüllen (Selbstfürsorge).

So viele innere Stimmen – und jetzt noch ein innerer Coach? Damit die Verwirrung nicht zu groß wird, zeigt unten stehende Tabelle 6.1 ein Who is Who am Beispiel „Umzugshilfe für einen Freund".

Who is who	Schweinehund (Triebsystem)	Gewissens-Stimmen		Innerer Coach
		Fremde Werte	Eigene Werte	
		Selbstwert-Killer ■ Ex-Kinder-Navi ■ innere Kritiker ■ „Gottes“-Stimme ■ Pseudo-Gewissen	**Feedback** Differenz zwischen selbst gewählten Werten und Verhalten	
Entstanden durch	Seit Geburt Selbst gehätschelt	Frühere Autoritätspersonen	Im Erwachsenenalter	Selbst entdeckt oder kreiert
Ziel, Aufgabe	Momentane Bequemlichkeit und Genuss wahren	Fremde Werte oder Werte unserer Vorfahren durchsetzen (Kinder-Navi)	Prüfen, ob eigene Werte und eigenes Verhalten übereinstimmen	Hilfe, um die eigenen Werte zu leben
Stil der Kommunikation	einlullend, beschwichtigend	kritisierend, vorwurfsvoll, abwertend	„buchhalterisch“, klare „Bilanz“	akzeptierend, wohlwollend, fördernd, unterstützend, freundlich-kritisch
Aussagen (Beispiel Umzugshilfe)	„Nö, an diesem Termin willst du doch schon lange Skifahren gehen. Zudem könnte die Schlepperei deinem Rücken schaden. Sag doch, du müsstest arbeiten!“	„Du sollst immer hilfsbereit sein! Falls nicht, bist du ein Fiesling und Profiteur, da du dir helfen lässt, selbst aber nichts tust.“	„Nach deinem Wert Solidarität ist Helfen gut, Nicht-Helfen schlecht.“	„Du vertrittst den Wert Solidarität. Dein Freund hat dich bei deinem letzten Umzug auch unterstützt. Wie viel Hilfe willst / kannst du ihm jetzt anbieten?“

Tabelle 6.1: Das Who-is-Who der inneren Stimmen

Den inneren Schweinehund entdecken wir rasch durch seine einseitigen Aufrufe zu Bequemlichkeit oder endlosem Fun. Im Bewusstsein, sowohl ein „eingebautes" Triebsystem als auch ein „eingebautes" Selbstkontrollsystem zu haben, können wir selbst den Schieberegler zur Ausbalancierung von „Bequemlichkeit vs. Herausforderungen" betätigen.

Der Mix der Gewissensstimmen lässt sich klären, indem man genau hinhört, was die Stimmen sagen und welche Werte sie vertreten. Handelt es sich um kritisierende, vorwurfsvolle und abwertende Stimmen, gehören sie meist zu den Selbstwertkillern: Pseudo-Gewissen, innere Kritiker-Stimmen und Stimmen aus dem Ex-Kinder-Navi. All diese Stimmen versuchen uns dazu zu bringen, dass wir alte überholte oder fremde Werte befolgen. Diese Selbstwertkiller gilt es zu erkennen, die enthaltenen Werte zu überprüfen, zu modifizieren oder „auszumisten".

Unter den Gewissensstimmen findet sich auch die Feedback-Stimme, die die „Buchhaltung" präsentiert, ob die selbst gewählten Werte eingehalten worden sind oder nicht. Diese zetert nicht, sondern präsentiert einfach die Bilanz. Diese Stimme kann zwar auch mühsam sein und zu Selbstvorwürfen führen, aber sie bezieht sich nur auf die von uns selbst gewählten Werte. Damit verhilft sie uns letztlich zu einem verbesserten Selbstwertgefühl und zur Selbstentfaltung – und sollte daher beachtet werden.

Der Dialog mit dem inneren Coach basiert auf Vertrauen und Empathie und ist aufbauend und hilfreich. Mit Zeit und Übung kann der innere Coach auch helfen, die inneren Stimmen besser zu unterscheiden. Der innere Coach kann die Infos des Gewissens-Feedbacks nutzen, indem er dessen „Buchhaltungsresultat" anständig und empathisch kommentiert.

Wie aber finden und erkennen wir unseren inneren Coach? Irgendwo in uns „hören" wir eine vorerst leise, freundliche Stimme, die uns lobt und uns bei der Umsetzung unserer Werte im Alltag unterstützt. Falls wir es noch nicht ganz geschafft haben, nach den persönlichen Werten zu leben, oder soziales Fehlverhalten an den Tag gelegt haben, wird der innere Coach uns nicht total abwerten und fertigmachen, sondern Vorschläge einbringen, wie wir den Schaden wiedergutmachen und uns künftig anders verhalten können. Wenn wir diese innere Stimme beachten, kann sich eine wertvolle Kommunikation entwickeln. Und je länger wir ihr zuhören, desto mehr Weisheit, Empathie und Energie entdecken wir. Wir können seinen Rat einholen, ihn um eine konkrete Botschaft bitten. Nutzen wir die Chance, dass er uns Möglichkeiten und Wege aufzeigt, unsere Werte zu leben, und uns ein aufrichtiger Freund und Coach ist, der auch mal warnt, kritisiert und lobt – und dies anständig und empathisch.

REFLEXION

Meinen inneren Coach finden

- In welchen Situationen ist er mir bereits begegnet? Wie habe ich ihn erkannt?
- Wie unterstützt, motiviert, berät er mich?
- Was ist für mich besonders wertvoll an meinem inneren Coach?

Und wenn wir unter den inneren Stimmen keinen inneren Coach erkennen können? – Dann erschaffen wir ihn uns! Um einen inneren Coach zu kreieren, stellen wir uns vor, wie er sein müsste, damit er für uns persönlich hilfreich und unterstützend ist. Dabei kann helfen, sich ihn in Abgrenzung zu den inneren Kritikern oder dem inneren Schweinehund plastisch vorzustellen. Wie sieht mein Typ innerer Coach aus? Wie ein Sport-Trainer, eine psychologische Beraterin, ein weiser Alter oder …

REFLEXION

Meinen inneren Coach kreieren

- Welche Eigenschaften soll er haben?
- Wie soll er meine Werte vertreten?
- Wo suche ich seine Unterstützung?
- Wie soll er mit mir kommunizieren?
- Wie gehe ich mit dem Feedback meines inneren Coachs um?
- Will ich ihm einen Namen geben?

6.2 Zusammenarbeit mit dem inneren Coach

Wenn wir unseren inneren Coach gefunden oder kreiert haben, entwickelt sich durch Kommunikation die Beziehung, d. h., wenn wir seine Stimme anfänglich noch nicht so klar vernehmen, kann sich dies mit der Zeit verbessern. Der Innere Coach ist darauf spezialisiert, uns zu unterstützen, zu loben, Ressourcen zu fördern, aber auch, kritische Fragen zu stellen, damit wir unsere Werte leben und unsere Ziele erreichen können. Der innere Coach ist ein kompetenter Begleiter auf unserem Weg, er hilft, unsere Werte auch während schwieriger Zeiten zu leben – und interveniert von sich aus, wenn wir in alte Werte und Verhaltensmuster zurückfallen. Er begegnet uns mit Empathie und Verständnis – und kommuniziert wertschätzend mit uns.

So wie sich eine Freundschaft entwickelt, so entfaltet sich auch eine gute Zusammenarbeit mit dem Inneren Coach. Da er Teil unserer Persönlichkeit ist, wird er uns weder im Stich lassen noch fies behandeln. Wir können seiner Empathie und seiner Kompetenz vertrauen. Der innere Coach ist kein Besserwisser mit vorgefertigtem Interventionsplan und Patentlösungen, sondern nimmt uns und unsere Werte ernst – ebenso wie unseren Entwicklungsweg der Werte-Realisierung.

Wenn wir keinen Kontakt mit ihm wollen, ihn ignorieren und uns nicht auf einen Dialog einlassen oder seine kritischen Feedbacks überhören, bringen wir ihn zum Schweigen.

■ Kennenlernen und Beziehungsaufbau

Wahrnehmung: Wie erkenne ich meinen inneren Coach? Was ist mir besonders wichtig für die Zusammenarbeit mit ihm? Wie kann ich ihm dies verständlich machen? Wie können wir uns gegenseitig wertschätzen?

Beziehungsaufbau: Wie zeigt sich sein Verständnis, seine Empathie für mich? Wie können wir uns gegenseitig fördern? Wie schenken wir uns gegenseitig Vertrauen?

Kommunikation: Wie sprechen wir miteinander? Wie geben wir einander Feedback?

Coaching: Wie gut kann er meine Wertekonflikte und Umsetzungsprobleme klären helfen? Kann ich seinen Vorschlägen zu Selbstreflexion und Perspektivwechsel folgen? Wie hilft er mir, meine Werte und meinen Selbstwert zu pflegen? Bedanke ich mich auch mal bei ihm?

■ Zusammenarbeit in der Kommunikation

Auch in der Zusammenarbeit mit dem inneren Coach sind Sach- und Beziehungsebene zu unterscheiden:

Sachebene. Worum geht es? Welcher Wert steht zur Diskussion? Wie passt er in mein Wertesystem und in meine Lebenssituation? Wie kann ich ihn leben? Welche Konsequenzen ergeben sich, wenn er nicht gelebt wird? Etc.

Beziehungsebene. Wie pflegen wir am besten die innere Kommunikation in Fragen, Antworten, Dialogen? So wie ich mit dem inneren Coach kommuniziere, so reagiert er auch auf meine Handlungen: von „Super, gut gemacht!“ bis zu „Na, Kopf hoch! Das nächste Mal geht‘s besser!“ oder „Meinst du wirklich, dass das gut war?“. Die Beziehung zum inneren Coach hat ein Wachstumspotenzial und entfaltet sich entsprechend der Interaktionen.

■ Coaching-Kompetenzen

Der innere Coach berücksichtigt auch …
… äußere Bedingungen: Zeit, Finanzen, Wohnort
… persönliche Bedingungen: körperliche, psychische und soziale
… Handlungsfreiheit: Machsal (was wir selbst bestimmen können), Mixsal (was wir teilweise mitbestimmen können) und Schicksal (was wir akzeptieren müssen)
… persönliche Lebensphilosophie: Menschen- und Weltbild, Lebensmottos
… Bewusstsein und Bewusstseinsentwicklung

6.3 Meine Werte leben – dank innerem Coach

Auf dem Weg zu einem Leben, das unsere individuellen Werte widerspiegelt, begleitet uns unser innerer Coach. Wie er uns unterstützen kann, zeigen die folgenden Beispiele möglicher innerer Dialoge.

Tipp: Wer beim Lesen der Beispiele überlegt, wie der eigene, persönliche innere Coach reagieren könnte, kann zugleich die gemeinsame Kommunikation trainieren und sein eigenes Freundschaftscoaching fördern.

6.3.1 Unterstützung bei selbst blockierten Werten

■ Bei negativer Befindlichkeit

„Ich bin total gestresst!“ – *„Was genau stresst dich und warum? Würde dir ein Anti-Stress-Training helfen? Brauchst du Infos zum Zeitmanagement? Brauchst du kurz- oder langfristige Entlastung? Wer kann dir diese bieten? Bist du evtl. zu perfektionistisch, wäre ‚gut‘ auch gut genug – evtl. sogar noch besser als ‚perfekt‘?“*

„Ich habe immer von allem zu wenig (Zeit, Geld etc.)!“ – *Wie viel ist das absolute Minimum für dich? Ist es eher ein Gefühl des Zu-wenig-Habens oder eine Tatsache? Was könntest du ändern? Und wie war das noch mal mit ‚immer‘ – wann hast du ‚genug‘?“*

„Ständig ärgern mich andere Leute mit ihrem doofen Verhalten!“ – *Man kann nur sich selbst ärgern! Wissen die anderen, dass sie dich nerven? Was sind die Hintergründe deines Ärgers? Bist du evtl. gestresst, weil du das Gefühl hast, nicht schnell genug, nicht gut genug, zu wenig … zu sein? Dann macht es nicht viel Sinn, dich über andere aufzuregen. Es hilft dir mehr, zu sehen, was du brauchst, damit du gelassener wirst.“*

„X hat mich total frustriert, dabei dachte ich, er sei mein Freund!" – *„Du bist enttäuscht, hast etwas anderes erwartet. Hattet ihr das genau abgesprochen? Wie wär's mit einem klärenden Gespräch, evtl. beruht die Sache auf einem Missverständnis? Was genau hat dich so verletzt? Willst du die Freundschaft beenden?"*

■ Im Umgang mit dem inneren Schweinehund

„Mir fehlt der Mut zum Handeln (Aufschieberitis)"! – *„Was hindert dich daran, diesen Schritt zu gehen? Welche Vorteile bringt es dir, diesen Schritt jetzt nicht zu tun? Falls es gute Gründe sind, triff eine bewusste Entscheidung: dies gar nicht zu tun oder zu einem späteren Zeitpunkt. Fixiere diesen Termin – und halte ihn ein."*

„Ich habe keine Disziplin und keinen Durchhaltewillen." – *„Möchtest du in deiner Komfortzone bleiben oder den Wechsel in die Wachstumszone wagen und Ziele erreichen, die dir erreichenswert scheinen? Brauchst du Unterstützung im Umgang mit deinem inneren Schweinehund?"*

„Ich mag nicht, bin zu schlapp (Passivität)!" – *„Wir alle sind für uns selbst zuständig. Wie willst du dein Leben gestalten? Welche Balance zwischen Aktivität und Passivität stimmt für dich? Probier es aus, damit du möglichst viele Wahlmöglichkeiten hast."*

„Schluss mit Frust, ich will jetzt sofort mein (Bier-)Fläschchen!" – *„Willst du dich zudröhnen wegen dieser dummen Sache? Nüchtern löst sie sich sicher besser."*

„Ach, es war einfacher zu sagen, ich hätte keine Zeit." (Lügen und faule Ausreden) – *„Möchtest du dir das Leben damit erleichtern? Wie fühlst du dich, wenn andere Menschen dir gegenüber faule Ausreden vorbringen? Hast du Mühe, dich abzugrenzen? Du darfst auch mal Nein sagen und dadurch ehrlich bleiben."*

„Bloß keine Veränderung!" – *„Meinst du nicht, das Leben auf dem Sofa wird dir irgendwann zu langweilig? Wie wär's, wenn du mal runterkommst und was ausprobierst – das Sofa wartet in der Zwischenzeit auf dich. Leben ist Veränderung. Wann hast du dich das letzte Mal aus der Komfortzone bewegt und was hast du dabei erlebt?"*

■ Bei einem schlechten Gewissen

„Eigentlich sollte ich …!" – *„Wer sagte das einst zu dir? Und was meinst du als Erwachsener dazu? Willst du oder meinst du zu müssen? Sind das deine eigenen Werte oder die Werte deines Ex-Kinder-Navis?"*

„Immer muss ich …!“ – *„Was genau ist Sache in der jeweiligen Situation? Wie kannst du die Erwartungen klären? Ersetze ‚ich muss‘ durch ‚ich entscheide mich dafür …‘ oder ‚ich will‘. Was ändert sich dabei für dich?“*

„Ich war wieder mal so was von peinlich.“ – *„Welche Stimme in dir meint das? Wer ist der Mensch, der dir das einst sagte, und was war seine Absicht? Was genau findest du heute peinlich – im Unterschied zu früher?“*

„Ich kann das sowieso nicht.“ – *„Hast du dies schon mal versucht? Möchtest du es können? Wer könnte dir helfen? Für neue Erfahrungen ist es nie zu spät. Und: du darfst auch Fehler machen, denn bekanntlich ist noch nie ein Meister vom Himmel gefallen.“*

„Ich kann ja nichts dafür, dass …“ (Rechtfertigung des eigenen [Nicht-]Verhaltens) – *„Du willst dein Selbstbild vor dir selbst schützen? Wollen wir dein Verhalten zusammen bewusst und achtsam betrachten?“*

„Ich habe so ein mieses Gefühl, weil ich XY nicht geholfen habe!“ – *„Tja, deine Weigerung passt nicht zu deinen Wertvorstellungen und Fähigkeiten. Und das miese Gefühl ist die Antwort der Feedback-Stimme deines Gewissens. Hast du eine Idee, wie du die Balance wiederherstellen kannst – sowohl in der Beziehung zu XY als auch zu dir selbst? Oder möchtest du von mir ein paar Tipps?“*

„Ich habe ein schlechtes Gewissen, weil ich mit meinem fünfjährigen Kind noch nicht im Vergnügungspark war.“ – *„Lässt du dich von den Botschaften der Werbung einlullen? Welcher deiner Werte wird bei dieser ‚Unterlassung‘ tangiert? Du meinst wohl nicht im Ernst, dass dein Kind dadurch leidet? Also, lass dieses Pseudo-Gewissen und schenke deinem Kind statt Konsum deine Zeit, Aufmerksamkeit und Liebe.“*

„Ich fühle mich schuldig, weil aufgrund meiner Lüge ein Mitarbeiter entlassen wurde.“ – *„Das ist keine Lappalie! Geschehen ist geschehen. Wie kannst du zu deinem Fehlverhalten stehen? Wie kannst du es wiedergutmachen? Wie kannst du dich adäquat entschuldigen?“*

„Ich schäme mich, weil ich einen Riesenmist gebaut habe.“ – *„Du hast tatsächlich einen Riesenfehler gemacht – aber deswegen bist du nicht als ganze Person schlecht. Betrachte dich und deinen Fehler separat, versuche zu korrigieren, was möglich ist, und bewahre trotzdem deine Würde.“*

■ Bei einem schlechten Selbstwertgefühl

„Ich bin nicht gut genug!“ – *„Ist das ein Lebensmotto von dir? Versuchs einfach. Du darfst Fehler machen. Wer könnte dich dabei unterstützen? Wo kannst du dir noch fehlende Kompetenzen erwerben?“*

„Es ist zu schwierig, das schaffe ich nicht!" – *„X ist dir schon gut gelungen, Y musst du noch üben. Nobody is perfect! Erlaube dir Fehler. Gut ist gut genug."*

„Ich bin zu müde, zu jung / zu alt, zu dick / zu dünn, zu gestresst, habe zu viel zu tun …!" – *„Warum genau willst du deine wertvolle Entscheidung nicht umsetzen? Was genau steckt hinter deiner Abwehrhaltung? Kannst du evtl. nicht Nein sagen?"*

„Ich kann nicht." – *„Heißt das eventuell ‚Ich will nicht!'? Hast du Angst vor (Selbst-) Kritik? Falls dies zutrifft: Alle müssen für ihr Verhalten Rechenschaft ablegen – und haben Angst vor (ihrer eigenen) Beurteilung. Gehe achtsam und bewusst an die Sache, stelle eigene Beurteilungskriterien auf und entscheide dann, ob du willst / kannst. Danach beurteile dich, wie du einen guten Freund beurteilen würdest."*

„Ich bin blockiert, weil ich nicht weiß, wie ich handeln soll!" – *„Überlege dir mögliche Handlungsalternativen mit den jeweiligen Konsequenzen und wäge gemäß WERTE-Interaktionsmodell ab, welcher Entscheid im gegenwärtigen Zeitpunkt richtig ist. Wenn du ein paar Tipps für strategisches Vorgehen brauchst, motiviere ich dich gern."*

„Ich fürchte negative Reaktionen oder Konsequenzen." – *„Hast du Angst vor Prestigeverlust? Davor, was die andern von dir denken könnten? Unterscheide Prestige von Selbstwert: Ersteres bezieht sich oft nur auf äußeres Ansehen, während Zweiteres unseren wichtigsten Wert betrifft. Lass andere Menschen nicht über deinen Selbstwert bestimmen. Vertritt deine Anliegen und handele die Werte mit anderen zusammen fair aus."*

„Alle in meiner Abteilung sind Nieten!" – *„Musst du die anderen abwerten, um selber besser dazustehen? Ist dieses Verhalten mit deinen Werten wirklich kompatibel? Mit einem guten Selbstwertgefühl brauchst du keine äußerliche Prestige-Optimierung auf Kosten anderer. Ich unterstütze dich gern beim Aufbau deines Selbstwertgefühls."*

Mangelndes Selbstwertgefühl – *„Vielleicht ist folgendes Motto hilfreich für dich: ‚Obwohl ich mich (noch) nicht gut genug fühle, verwirkliche ich meine Werte.' Wie fühlt sich dieses neue Motto für dich an?"*

6.3.2 Unterstützung bei sabotierten Werten

■ Die „lieben" Mitmenschen

„Der blöde Nachbar ist eingeschnappt, nur weil mein Hund in seinem Blumenbeet gebuddelt hat." – *„So doof ist der Nachbar gar nicht, er mag nur eben Blumen mehr als Hunde. Wie wäre ein versöhnliches Gespräch – mit einem Entschuldigungsblümchen?"*

„Die anderen Mitarbeiter*innen mögen mich nicht." – *„Bist du sicher, hast du deine Vermutung geklärt? Hast du Angst, abgelehnt zu werden? Wie viel Nähe und wie viel Distanz stimmen für dich? Gibt es Dinge, die geklärt werden sollten? Bahnt sich evtl. Mobbing an?"*

„Wenn ich gewusst hätte …" – *„Im Nachhinein ist man oft schlauer. Alle Menschen können sich irren. Wie kannst du die Situation jetzt noch positiv beeinflussen?"*

„Geht mich nix an!" – *„Alles egal? Hast du Mühe, dich in andere Menschen und ihre Situation hineinzuversetzen? Versuche, auch die Perspektive der anderen Menschen wahrzunehmen, ihre Belastungen, Probleme, Krankheiten, Schmerzen und Süchte. Was hindert dich daran, in anderen gleichwertige Menschen zu erkennen?"*

„Wenn der darf – dann darf ich auch …!" (Gleichberechtigung) – *„Oh, das ist aber die alte Kinder-Moral. Welches sind deine eigenen, erwachsenen Werte? Willst du diese verraten, nur weil ein anderer deine Werte missachtet?"*

■ Autoritäten

„Mein*e Chef*in verlangt von mir Arbeiten, die ich nicht verantworten kann." – *„Was genau widerspricht welchen deiner Werte? Lässt sich der Widerspruch graduell mit dem WERTE-Schieberegler bereinigen oder liegt ein grundsätzlicher Wertekonflikt vor? Lässt sich das Problem durch (professionelles) Konflikt-Management bereinigen oder ist ein Stellenwechsel notwendig? Sind umfassende (arbeitsrechtliche) Maßnahmen angezeigt? Widerspricht die Arbeit allgemein ethischen Richtlinien, z. B. den Menschenrechten?"*

„Ich fühle mich verpflichtet zur Loyalität gegenüber meinem Club." – *„Druck durch Autoritäten oder Gruppen ist besonders schwierig auszuhalten. Warum willst du – gegen deine Werthaltungen – dieser Person / dieser Gruppe gegenüber loyal bleiben? Hast du Angst vor Beziehungsverlust? Willst du dich und deine Werte selbst verraten? Welche möglichen alternativen Wege erkennst du? Sei dir der Milgram-Experimente bewusst und bewahre deine (Selbst-)Verantwortung."*

Konformitätszwang. – *„Sei wachsam, wie diese Gruppe mit Andersdenkenden umgeht. Kannst du in dieser Gruppe wirklich deine Werte leben? Was hält dich in dieser Gruppe, die deine Werte missachtet? Warum willst du dich hier anpassen und deine Werte verraten? Handelst du in der Gruppe anders als allein? Du bist immer verantwortlich für dein Handeln – auch in dieser Gruppe!"*

6.3.3 Unterstützung in Wertekrisen

„Ich habe so ein komisches Gefühl, wenn meine Partei pauschal gegen alle Ausländer hetzt.“ – *„Das ‚komische‘ Gefühl will dir wohl sagen, dass nicht alle Einheimischen gut und alle Ausländer schlecht sind. Versuch mal zu differenzieren: Was genau wird den Fremden vorgeworfen? Wie verhalten sich Einheimische diesbezüglich? Könntest du aufklärend und vermittelnd wirken in deiner Partei? Oder sind die Differenzen so groß, dass du einen Parteiaustritt in Erwägung ziehst?“*

„Toll, es gibt sie doch, die ganz einfachen Lösungen für komplexe Probleme.“ – *„Achtung, sei vorsichtig. Unsere Welt ist nun mal komplex und da greifen ‚ganz einfache‘ Lösungen zu kurz. Überlege zuerst, welche Ursachen und Zusammenhänge hinter einem Problem stecken könnten, und teste die ‚einfache Lösung‘ daran.“*

„Ich bin verwirrt: Alles ist relativ, eigentlich ist es ja egal, was ich denke und tue.“ – *„Nein, das ist es nicht, denn jede deiner Handlungen oder Nicht-Handlungen hat Konsequenzen, die du verantworten musst. Tipp zur Entwirrung: Finde hinter den verschiedenen Ideen, Absichten und Handlungen die jeweiligen Werte. Welche davon stimmen mit deinen überein? Welche deiner Werte bist du bereit anzupassen, wo gibt es keinen Verhandlungsspielraum?“*

„Diesem A …. hab ich's aber gegeben!“ – *„Woher stammt deine Wut? Du hast dasselbe vor einem Monat ebenfalls getan und warst danach betrübt – bekämpfst du deine vergangene Tat nun stellvertretend an diesem Menschen? Wie willst du künftig mit solchem ‚Fehlverhalten‘ anderer umgehen?“*

„So langsam glaube ich gar nix mehr: Vor drei Tagen wurde genau das Gegenteil der heutigen News berichtet.“ – *„Welche Quellen liegen hinter den verschiedenen Nachrichten? Welche Quelle ist glaubwürdiger? Was kannst du überprüfen? Apropos: Nicht alle News müssen sofort geteilt und geliked werden …“*

„Zur Hölle mit den fiesen Politikern und Abzocker-CEOs.“ – *„Na, die Faust in der Tasche bringt dich nicht weiter. Wie wäre es, wenn du dich mit anderen zusammenschließt und gegen die Missstände konkret vorgehst?“*

„Mir ist alles wurst, sollen die doch machen, was sie wollen, ich schaue nur noch für mich.“ – *„Wie wäre es mit Engagement satt Rückzug und innerer Kündigung? Es gibt dir Befriedigung und macht die Welt ein kleines bisschen besser. Und wenn du am Lebensende zurückschaust, ist die Bilanz positiver. Was von den vielen Einsatzmöglichkeiten würde dir auch noch Freude bereiten?“*

„Alles ist so mies und zwecklos.“ – *„Beobachte mal, welchen Einflüssen du dich aussetzt: Deine Freizeit verbringst du mit Gamen, Videos, Brutalos und Pornos. Wie wäre es, wenn du diesbezüglich mal eine Pause einlegst und dich in positivere Gefilde unter* *andere Menschen begibst? Versuch mal, das Positive zu finden. Und wie wäre es mit einem Hobby? Was hättest du schon immer gern ausprobiert?"*

6.3.4 Was der innere Coach noch sagt

■ **Im individuellen Alltag** drückt sich der innere Coach evtl. so aus:

Selbstwert. – *„Du bist ein liebenswürdiger und wertvoller Mensch! Ich schätze dich sehr und es macht mich glücklich, dein innerer Coach zu sein! Behandle dich bitte selbst auch so, wie du deinen besten Freund behandelst. Werte dich nicht selbst ab, eine gesunde Selbstkritik reicht völlig. Wenn du zerknirscht bist, wiederhole ich gerne, dass du mein liebster Mensch bist …"*

Selbstfürsorge. – *„Sei achtsam auch gegenüber deinen eigenen Bedürfnissen – und befriedige sie nach dem WERTE-Interaktionsmodell. Vermeide Selbstausbeutung durch fremdbestimmte Selbstoptimierung. Sorge selbst für deine Lebenszufriedenheit, statt andere dafür verantwortlich zu machen. Dadurch bist du unabhängiger. Dein Leben darf dir auch Freude und Genuss bereiten. Wenn du mal Lust hast, dich zu vergnügen, etwas zu genießen, heißt das noch lange nicht, dass du deinem inneren Schweinehund ausgeliefert bist. Du kannst auch wertvoll wachsen, wenn du das Leben genießt. Verwechsle Lebensgenuss nicht mit Konsum. Was genau macht dir Freude, was kannst du genießen, wodurch kannst du Flow erleben?"*

Selbstvertrauen. – *„Kannst du dir selbst vertrauen? Worin fühlst du dich noch unsicher, möchtest du meine Unterstützung?"*

Selbstentfaltung. – *„Wachstum beinhaltet auch den Mut, immer wieder mal die Komfortzone zu verlassen. Du machst das wunderbar, ich unterstütze dich gern dabei. Überfordere dich nicht, sondern mache step by step. Sich zu verändern ist nicht immer einfach und braucht Wiederholungen. Dein Streben nach Sinn und Bewusstsein ist sehr wertvoll! Mein Tipp: Halte immer mal wieder inne und frage dich, welche Ziele du während deines Lebens erreichen möchtest. Wie möchtest du dereinst auf dein Leben zurückblicken können? Wie möchtest du teilnehmen am großen Ganzen?"*

Inkonsequenz. – *„Du warst soeben nicht konsequent. War das absichtlich oder unbeabsichtigt? Willst du das nochmals überdenken?"*

Verrat der Werte. – *„Du vertrittst edle Werte – mir fällt auf, dass in letzter Zeit einige davon ziemlich unter die Räder geraten sind. Wie verträgt sich beispielsweise dein Wert Aufrichtigkeit mit deinem Verhalten gegenüber deinen Arbeitskolleg*innen und dein Wert Freundlichkeit mit deinen Hass-Mails?"*

■ **Angesichts von persönlichen Krisen** drückt sich der innere Coach evtl. so aus:

Unzufriedenheit. – *„Gemeinsam finden wir die Ursachen deiner Blockaden, die zu Unzufriedenheit und Minderwertigkeitsgefühlen führen. Lerne, selbstschädigende Verhaltensmuster und Lebensmottos zu überwinden und entdecke (wieder) deine Ressourcen und Potenziale. Gemeinsam lassen sich neue, hilfreiche Wege für dich finden, die zu Sicherheit und Selbstvertrauen führen. Ich begleite dich gerne auf dem Weg zu deinem neuen inneren Gleichgewicht."*

Konflikte. – *„Gerne unterstütze ich dich bei Konflikten in Partnerschaft und Familie, sodass du Wege aus der Sackgasse finden und deine Krise auch als Chance nutzen kannst."*

Berufliche Probleme. – *„Ich bin dir auch gerne Coach bei deinen beruflichen Problemen, ob dich nun Teamkonflikte oder Mobbing plagen. Vielleicht brauchst du eine neue Herausforderung oder einen ruhigeren Arbeitsplatz … Ich stärke dich gern im Umgang mit neuen Herausforderungen. Symptome von Stress und Burnout sind weder ‚normal' noch schicksalhaft, sondern führen zu psychosomatischen Erkrankungen. Ich biete dir Impulse, wie du diese Abwärtsspirale stoppen und zufriedener leben kannst."*

Schicksalsschläge. – *„Ein Schicksalsschlag kann einen Menschen aus der Bahn werfen und zu Orientierungslosigkeit, Zukunftsängsten und Sinnkrisen führen. Ich unterstütze dich auch in schwierigsten Zeiten, damit du deinen Lebensmut auch während der Krise wahren kannst."*

Identitäts- und Sinnfragen. – *„Sie stellen sich während des ganzen Lebens, die Auseinandersetzung mit ihnen kann dir wichtige Impulse geben für deine Lebensqualität. Gerne begleite ich dich auf deinem Weg zu einem sinnvollen und erfüllten Leben."*

■ **In Bezug auf Sozialverträglichkeit** drückt sich der innere Coach evtl. so aus:

Bedürfnis nach sozialen Kontakten. – *„Dein Bedürfnis nach sozialen Kontakten beinhaltet sowohl das Bedürfnis nach Nähe als auch das Bedürfnis nach Distanz: Beachte deine persönliche Balance. Wichtig in allen sozialen Beziehungen ist neben Empathie, Respekt, gleichwertiger Kommunikation und höflichem Umgang auch, mal Nein sagen zu können. Wie, findest du, gelingt dir das? Möchtest du Tipps von mir?"*

Gleichgültigkeit. – *„Wieso lässt du den Abfall deiner Grill-Party im öffentlichen Park liegen? Wie kannst du das mit deinen eigenen Werten vereinbaren – oder läufst du im Gruppen-Modus?"*

Konfliktgespräche. – *„Sprich die Probleme direkt an, beziehe klar Stellung und lass den Streit nicht eskalieren. Probleme lösen sich besser, wenn sich die Parteien etwas* *beruhigt haben. Beachte nicht nur die Sach-, sondern auch die Beziehungsebene. Es ist schön, dass du andern verzeihen kannst; lerne aber auch, dir selbst zu verzeihen."*

Anstand und zivilisiertes Verhalten. – *„Wie könntest du – ohne Gesichtsverlust – einen Punkt machen, obwohl du beleidigt wurdest? Wie könntest du in dieser gefährlichen Situation deeskalierend wirken? Was bringt es dir und der Sache, wenn du dich über Social Media mit Hass-Mails beteiligst? Wie könntest du deine Werte sinnvoller leben, sodass sie positiv wirksam werden?"*

Selbstbehauptung. – *„Nimm dich und deine Anliegen selbst auch wichtig. Wie kannst du sie am besten in deinen verschiedenen Lebensbereichen einbringen? Du darfst deinen Standpunkt und deine Toleranzgrenze definieren und deine Werte aushandeln (Werte-Regler!)"*

Konkurrenz, Kooperation, Solidarität. – *„Wie hättest du wohl reagiert, wenn du und nicht dein „Feind" in der Machtposition gewesen wärest? Könnte diese Aufgabe in Kooperation nicht besser bewältigt werden, als wenn jeder mit jedem konkurriert und die Infos zurückhält? Könntet ihr Nichtbetroffenen den Betroffenen nicht solidarisch beistehen?"*

Zivilcourage. – *„Wie möchtest du von mir unterstützt werden, wenn du einem Mobbingopfer beistehst oder bei sozialen Ungerechtigkeiten tapfer eingreifst?"*

Empathie, Altruismus. – *„Wie willst du Empathie leben? Wie möchtest du dabei von mir unterstützt werden? Möchtest du Altruismus pflegen? Wie weitgehend? Welche Hilfe möchtest du von mir dabei?"*

Fazit: Im gewöhnlichen Alltag ist der innere Coach eine wertvolle Hilfe, in Krisenzeiten ein unentbehrlicher Freund. Damit ist deutlich geworden, dass der innere Coach wesentlich wertvoller ist als die bisherigen den Selbstwert killenden Gewissensstimmen.

7. Werte als Chancen

„Achte auf deine Gedanken, denn sie werden Worte.
Achte auf deine Worte, denn sie werden Handlungen.
Achte auf deine Handlungen, denn sie werden Gewohnheiten.
Achte auf deine Gewohnheiten, denn sie werden dein Charakter.
Achte auf deinen Charakter, denn er wird dein Schicksal."

(Talmud)

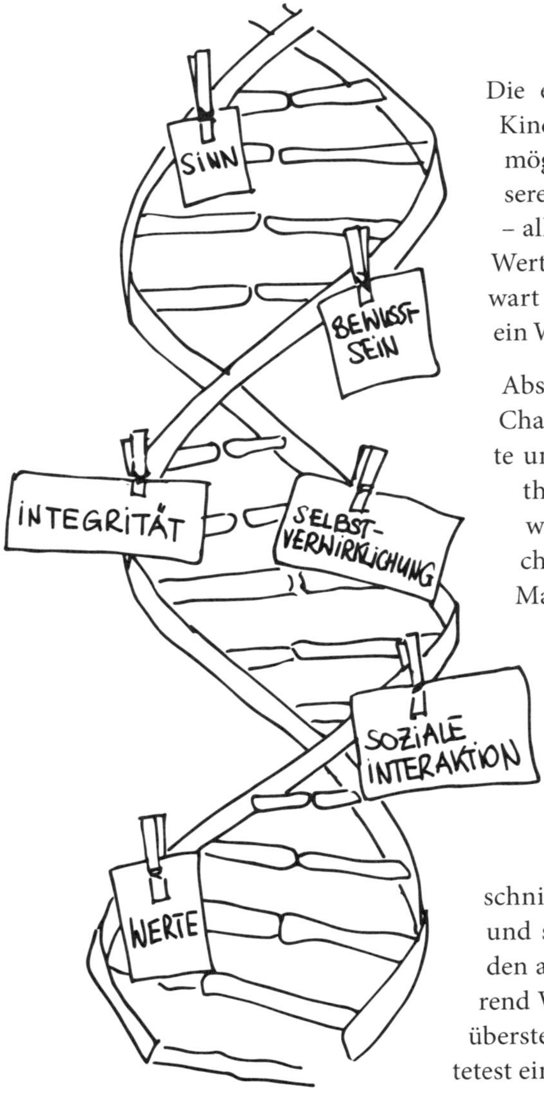

Die einstigen Schwierigkeiten mit dem Kinder-Navi können zu Wachstumsmöglichkeiten werden, wenn wir unsere Werte bewusst wählen und leben – allenfalls mithilfe des inneren Coachs. Werte machen nicht nur unsere Gegenwart wertvoller, sondern beinhalten auch ein Wachstumspotenzial für die Zukunft.

Abschnitt 7.1 zeigt die persönlichen Chancen auf: Wie fördern unsere Werte und unser innerer Coach unsere Authentizität und Integrität? Wie finden wir Sinn im Alltag und im persönlichen Lebensverlauf (Schicksal, Mixsal, Machsal)?

Was bedeutet der Wert Empathie für Einzelne und in sozialen Gruppen? Durch gelebte Werte werden wir sozialverträglicher und fördern damit auch die Chancen von sozialen Gruppen in unseren Lebensbereichen (Abschnitt 7.2). Wachstum von Individuen und sozialen Gruppen kann auch durch den allgemeinen Wertewandel oder während Werteumbrüchen erfolgen. Wie aber überstehen wir und unsere Werte den Härtetest einer Wertekrise?

Zum Schluss blicken wir auf „das große Ganze“: auf die Werte-Evolution der Menschheit. Unsere eigene bewusste, wertebasierte und sinnorientierte Entfaltung hat (evtl. auch dank innerem Coach!) noch viel Entwicklungsraum und ist eingebettet in „etwas Größeres“.

7.1 Persönliche Chancen

Es gibt nichts Wertvolleres als Werte, sie sind Leuchttürme in unserem Leben: Sie bieten Orientierung in komplexen privaten Situationen (Will ich den gut bezahlten, aber stressigen Job annehmen? Will ich meinen Partner „umtauschen“, weil mir etwas nicht ganz passt?). Sie bieten uns Orientierung in der unübersichtlichen Wertepluralität des Lebens.

Je bewusster wir unsere Werte wahrnehmen und diese leben, desto besser können wir zu uns selber stehen (Selbstwert!) und Manipulation und (Gruppen-)Zwängen ausweichen. Wertebewusstes Denken, Fühlen und Handeln führen daher zu (vermehrter) Integrität und Selbst- und Sozialkompetenz. Durch das Ausbalancieren von Werten bleiben wir flexibel und lernen, was wirklich für uns zählt – die Werte – zu differenzieren und zu modifizieren, ohne ihren Kerngehalt zu verraten. Werte sind in und um uns (vgl. WERTE-Interaktionsmodell), sie sind keine fixen Größen, sondern wir verändern sie – und wir werden durch sie verändert. Dadurch ergeben sich individuelle und soziale Wachstumschancen.

„Werte sind Sinnoptionen, innere Motoren für ein erfüllendes Leben. Über Werte lassen sich die Sinnmöglichkeiten verwirklichen, die mit den Werten in konkreten Lebenssituationen in Verbindung stehen“ (Migge, 2016, S. 321). Werte können also auch als Sinn-Atome angesehen werden, denn vieles, was uns wichtig und wertvoll ist, ist auch sinnvoll. Wo entdecke ich solche Sinn-Atome in meinem Leben?

Der kleine Sinn und der große Sinn: Werte und Sinn stecken bereits in Alltagsentscheidungen. Der große Sinn – der Lebenssinn – ist der Wert, den wir unserem Leben geben. Dieser kann sich in den verschiedenen Lebensphasen und Lebensbereichen wandeln.

> „Der Sinn des Lebens besteht nicht darin, ein erfolgreicher Mensch zu sein, sondern ein wertvoller.“
>
> (Albert Einstein)

Oft wird Sinn in Zusammenhang mit Spiritualität erwähnt. Diese muss nicht zwingend an kirchliche Institutionen gebunden sein, denn auch nicht religiöse Menschen setzen sich mit Sinn und spirituellen Werten auseinander. Jeder Mensch sucht Sinn – jeder auf seine persönliche Art und Weise. Ziel der Sinnsuche ist meist Lebendigkeit, Intensität, innere Erfüllung. Die einen suchen diese Intensität durch ein Haben (d. h. Konsum), die anderen durch das Tun (Karriere, Prestige). Damit verbunden sind oft die Werte Qualität, Quantität, Effizienz, Leistung, Loyalität, Genuss, Fun ... Diese führen allerdings mehr zu einem *ge*-füllten statt *er*-füllten Leben und können die innere Leere und Sehnsucht nach Sinn kaum beantworten. Denn Action und Konsum entsprechen bestenfalls äußerer Intensität – es geht aber um die innere Intensität.

Statt *haben* oder *tun* empfiehlt sich *sein,* d. h. *bewusstes Sein.* Für diese innere Intensität sorgen u. a. gelebte Werte. Zusammen mit Achtsamkeit und Bewusstsein können sie im Leben des Einzelnen zu Authentizität und Sinn, im sozialen Bereich zu Empathie, Solidarität und Zivilcourage führen. Die Bedeutung gelebter Werte für Einzelne, soziale Gruppen und das große Ganze kann kaum überschätzt werden.

Bedingung für gelebte Werte ist, immer mal wieder den Autopiloten auszuschalten und die persönlichen Werte kritisch zu überprüfen – und zu leben. Eine große Hilfe dabei ist der innere Coach.

Wir bauen unseren Lebenssinn von innen heraus auf, durch viele kleine Sinn-Einheiten, indem wir unsere Werte leben. Das Leben präsentiert uns ein unendliches Wert- und Sinnangebot. In diesem Wert- und Sinndschungel gilt es, die für uns wichtigen Wert- und Sinnquellen zu entdecken und zu leben. Werte und Sinn sind lebendig, d. h., man kann sie nicht ein für alle Mal *haben,* sondern muss sie täglich *leben.*

Das Maß unserer Einflussmöglichkeit auf unseren Sinn und Wert wird durch den Mix Schicksal – Mixsal – Machsal geprägt. Ein bekannter Spruch dazu:

> „Gott gebe mir die Gelassenheit, Dinge hinzunehmen, die ich nicht ändern kann,
> den Mut, Dinge zu ändern, die ich ändern kann,
> und die Weisheit, das eine vom anderen zu unterscheiden."
>
> (Reinhold Niebuhr)

Einen Überblick verschafft die (leicht adaptierte) Zusammenstellung in Abbildung 7.1 (Binder, 2017, S. 251). Dabei gilt zu unterscheiden, in welchen Situationen wir ganz (Machsal) oder teilweise (Mixsal) selbst bestimmen können und welche wir akzeptieren müssen (Schicksal). Was kann ich dieser Übersicht für mich persönlich entnehmen – und wie daran wachsen?

Persönliches Befinden		Soziales Befinden
Wie kann ich mit unerwarteten (positiven wie negativen) Lebensereignissen umgehen?	**Persönliche Lebensphilosophie:** *Welches Menschen- und Weltbild habe ich?* *Welche Werte und Haltungen sind mir wichtig?* *Welche (Lebens-)Mottos prägen mich?* **Transzendenz / Spiritualität** *Wohin führt mich das Transzendente?* *Wohin führt mich meine Spiritualität?* **Selbstverwirklichung** *Was ist für mich Erfüllung in meinem Leben?* *Welches Potenzial möchte ich entfalten?* *Wer bin ich?* **Alltagsbewältigung** *Wie lebe ich meine Beziehungen?* *Wie kann ich meine Bedürfnisse befriedigen?* *Wie sorge ich für Gesundheit und Wohlbefinden?* **Aufgaben der Lebensphase** *Was fordert die gegenwärtige Lebensphase von mir?* *Inwiefern kann / will ich diese Ansprüche erfüllen?* *Wie finde ich Balance von Anforderungen und Lebenslust?*	*Wie präsentiert sich mir meine Umwelt? Will ich mich einmischen oder zurückhalten?*

Abbildung 7.1: Machsal, Mixsal, Schicksal

Machsal – Mixsal – Schicksal

Machsal (weiß): Das Leben mit seinen Werten (Sinn-Einheiten) können wir in gewissen Bereichen selbst bestimmen.

- Für die **Alltagsbewältigung** ist das Wie wichtig: *Wie* wollen wir unsere Grundbedürfnisse nach Atmen, Essen, Schlafen erfüllen? *Wie* wichtig sind uns Sicherheit und Zugehörigkeit? *Wie* wollen wir unsere sozialen Beziehungen gestalten?
- Für unsere **Selbstverwirklichung** ist das Was wichtig: *Was* genau wollen wir erreichen, erleben? *Welche* Potenziale möchten wir entwickeln (Kreativität, Wissen, Leistung)?
- Für unsere **Transzendenz** ist die Frage nach dem Wohin wichtig: ein Glaube an Gott / Göttin / Energie / … an das Universum, einen spirituellen Weg, an die Menschen …

Durch diese Entscheidungen (Wie? Was? Wohin?) bestimmen wir unsere Werte, unsere Sinn-Atome.

Mixsal (hellgrau): Unser Leben und unsere Werte werden auch von unserer Lebensphase und unserem persönlichen Weltbild bestimmt.

- **Lebensphasen** beinhalten verschiedene Erfahrungs- und Erlebensmöglichkeiten (vgl. die diesbezüglichen Unterschiede in Kindheit, Jugend, Erwachsenenalter). Wir können diese Phasen nicht wählen, sondern geraten altershalber in sie hinein. Aber *wie* wir mit den altersbedingten Herausforderungen umgehen, bestimmt unseren Lebensweg.
- **Weltbild:** Hierunter fallen Lebensmottos, -ideale, -philosophien, die wir während unseres Lebens aufgrund unserer Erfahrungen und Erlebnisse formen. Durch das Ausbalancieren im sozialen Kontakt (vgl. WERTE-Interaktionsmodell) werden sie immer wieder etwas modifiziert. Trotzdem ist es wichtig, sie von Zeit zu Zeit zu überprüfen und anzupassen. Dazu müssen sie uns erst wieder bewusst werden, indem wir innehalten und den Autopiloten ausschalten.

Schicksal (dunkelgrau): Das Leben „schickt" uns Menschen unterschiedliche Herausforderungen, die wir zu bewältigen haben.

- **Persönliches Schicksal:** Kritische Lebensereignisse, die die Lebenssituation manchmal auch plötzlich drastisch verändern (Krankheit, Unfall, aber auch positive wie Heirat und Geburten). Schwierigkeiten (die sich später auch als Möglichkeiten herausstellen können) rütteln unsere Wertehierarchie auf und lassen uns die Frage nach Werten und Sinn neu stellen.
- **Umfeld (sozial-politische Bedingungen):** Was in der „großen, weiten Welt" passiert, hat auch Einfluss auf jeden Einzelnen, seien es Kriege, Flüchtlingsströme, Naturkatastrophen – oder auch mal positive Nachrichten. Jede Generation hat ihre eigenen Herausforderungen zu bewältigen.

Machsal, Mixsal und Schicksal fordern uns heraus. „Leben ist eine ständige Provokation, die wir annehmen und gestalten müssen / können. Ein Schicksalsschlag führt oft zur Frage ‚Warum gerade ich?' Diese Frage führt jedoch nicht weiter. Eine bessere Frage ist: Wohin führt es mich, welchen Sinn macht's – trotz allem – für mich, jetzt oder später?

Ein wertentleertes Leben führt zu Sinnkrisen, welche Lebensverneinung und psychosomatische Störungen und Krankheiten zur Folge haben können. Diese verhindern wiederum Sinnsuche und Sinnfindung. Womit der Teufelskreis sich immer weiter dreht. Einen „Engelskreis" können wir durch ein wert- und sinnvolles Leben initiieren. Auf diese Weise erleben wir Erfüllung, was zur Lebensbejahung führt, die wiederum eine Voraussetzung für die Sinnfindung ist. Ein so geführtes Leben kann eine Prävention vor Krankheiten und psychischen Störungen sein.

Weder Werte noch Sinn können wir ein für alle Mal *haben*, wir müssen diese ständig neu finden und leben. Wie möchte ich leben, damit ich an meinem Lebensende sagen kann: Es war gut so, wie es war?

REFLEXION

Persönliches Wachstum

- Welche Wachstumschancen sehe ich in den verschiedenen Dimensionen meines Seins?
- Welche meiner Werte verhelfen mir zu Integrität und Selbstverwirklichung?
- Worin sehe ich gegenwärtig Werte in meinem Machsal, Mixsal, Schicksal?
- Wenn ich an meinem 80. Geburtstag auf mein Leben zurückblicke: Welche Werte könnten für mich die wichtigsten gewesen sein? Welcher Sinn war der wichtigste?

7.2 Chancen für soziale Bereiche

Unsere Werte zu leben verhilft nicht nur uns selbst zu Wachstum, sondern wirkt sich auch positiv in unseren sozialen Beziehungen in den verschiedenen Lebensbereichen aus. Verschiedene Ichs finden sich in einer Gruppe zusammen – und verschiedene Werte stoßen zu- oder aufeinander. Eigentlich macht der Begriff Ich erst angesichts sozialer Bezüge Sinn – einerseits als Bezeichnung eines speziellen Individuums, andererseits als Abgrenzung gegenüber den anderen Individuen. Durch Wert-, Sinn- und Bewusstseinsentfaltung können wir Individuen auch unser Umfeld positiv beeinflussen, denn alle sind wir mit allen verbunden durch die soziale Interaktion. – Und unsere Handlungen wirken auch auf uns zurück (vgl. WERTE-Interaktionsmodell).

> „Zum Besten der Menschheit kann niemand beitragen, der nicht aus sich selbst macht, was aus ihm werden kann und soll."
>
> (Johann Gottfried von Herder)

Die Chancen zur Entfaltung und Differenzierung sozialer Werte ergeben sich durch Interaktion mit anderen Menschen, da immer wieder eine wertvolle Balance gefunden werden muss. In diesem intensiven Austausch sind beim einzelnen Individuum nicht nur die sozialen, sondern all seine Dimensionen beteiligt – und haben dadurch Entfaltungspotenzial. In sozialen Interaktionen ist der Wert Empathie zentral:

Empathie beruht auf Wahrnehmung (*Wie* geht es dem anderen?), Verständnis (*Warum* geht es ihm so?), Einfühlung (*Was* fühlt er?) und der eigenen Resonanz (Wie reagiere ich darauf?). Empathie geht über den Perspektivenwechsel hinaus: Nicht nur kognitiv wird eine Situation erlebt, sondern auch emotional im Sinne von „Ich könnte du sein“. Noch weiter geht die Empathie, wenn man aus der Perspektive dieser Person die Situation erlebt. Indigene Völker kennen die Metapher „in den Mokassins des andern gehen“. Der Mensch, dem wir mit Empathie begegnen, fühlt sich gleichwertig und verstanden. An welche Momente gelebter Empathie erinnere ich mich? Wie fühlt sich das auch nachträglich noch an?

Empathie ist auch einer der wichtigsten Faktoren in sozialen Gruppen. Wird sie gelebt, kann das eine Gruppe zusammenschweißen (Wir-Gefühl), fehlt sie, kommt es zu Beziehungsabbrüchen und Austritten. Die soziale Gruppe wird geprägt durch das Werteverhalten der Mitglieder, dadurch entstehen Kommunikationsstil und Strukturen. Gelebte Empathie verbessert das gesamte soziale Klima und fördert die Entwicklung einer sozialen Gruppe.

Empathie ist Teil der Sozialkompetenz und zeigt sich in folgenden Werten:
- Achtung, Respekt und Toleranz
- Wertschätzung und Anerkennung (beachten: Fremd*wert* – analog zum Selbst*wert*)
- Hilfsbereitschaft
- Umgangsformen, Höflichkeit, Rücksichtnahme, Freundlichkeit
- Fähigkeit, Beziehungen aufzubauen und zu pflegen
- Kommunikations- und Kooperationsfähigkeit

Empathie findet ihren Ausdruck in sozialem Engagement, Solidarität und Zivilcourage. Ein soziales Engagement könnte beispielsweise aus Hilfeleistungen und Freiwilligenarbeit bestehen. Der Begriff Solidarität bezeichnet ein Grundprinzip menschlichen Zusammenlebens, ein WIR-Gefühl, das sich sowohl im Bewusstsein als auch in gegenseitiger Hilfe äußert. Solidarität führt zur aktiven, engagierten, gegenseitigen Unterstützung unter Gleichgestellten. Allerdings nimmt Solidarität aufgrund der zunehmenden Individualisierung und Ökonomisierung des sozialen Lebens immer weiter ab und damit auch der Zusammenhalt in sogenannten postmodernen Gesellschaften. Zivilcourage beweist, wer zu humanen Werten (z. B. Menschenrechte, Menschenwürde, Gerechtigkeit) steht und sich dafür auch persönlich einsetzt – trotz der möglichen persönlichen Nachteile: beispielsweise jemand, der Ungerechtigkeiten wie Mobbing aufdeckt und Schwächere unterstützt. Zivilcourage ist i. d. R. gewaltfrei. Oft wachsen bisher durchschnittliche Menschen über sich hinaus, wenn sie sozialen Mut zeigen. Zivilcourage kann auch als Gegenteil von unbeteiligtem Mainstream-Verhalten und Autoritätsangst (vgl. Milgram-Experimente) betrachtet werden.

Auch hier gilt: Beispiel macht Schule. Beispielsweise kürt die kritische Beratungszeitschrift *Beobachter* jährlich besonders couragierte Menschen mit dem Prix Courage. Mit dem Preis möchte die Zeitschrift Persönlichkeiten würdigen und fördern, „die unerschrocken und mit Hingabe für eine Idee kämpfen – zugunsten einer offenen, solidarischen und gerechten Schweiz". Kenne ich jemanden, der einen solchen Prix Courage verdient hätte? Eventuell ich selbst?

Soziale Gruppen bestehen aus einzelnen Individuen. Doch das Ganze ist mehr als die Summe seiner Teile: Durch Interaktion erfolgen Austausch und Anpassung der Wert-Haltungen. Soziale Interaktion unterstützt unsere eigene Entfaltung – genauso wie wir die Entwicklung anderer Menschen unterstützen. Je wertebewusster Einzelne in Gruppen leben, desto sozialkompetenter interagieren sie. Dadurch können sich sowohl Individuen als auch die Gruppe als Ganzes weiter entfalten. Wir sind alle in soziale Bezüge eingebettet – Flucht ist nicht möglich … *L'enfer c'est les autres?* („Die Hölle, das sind die andern" – Jean-Paul Sartre). Wenn wir uns schon gegenseitig ausgeliefert sind, wäre ein gutes soziales Klima, beispielsweise durch Kooperation, doch wünschenswert?!

> „Wenn du möchtest, dass es anderen Menschen gut geht, dann übe dich in Mitgefühl. Wenn du möchtest, dass es dir selber gut geht, dann übe dich in Mitgefühl."
>
> (Dalai-Lama)

In den unterschiedlichen sozialen Gruppen und Lebensbereichen gelten jeweils unterschiedliche Werte – und damit auch unterschiedliche Chancen, diese zu entfalten. Wo und wie erkenne ich meine persönlichen Entfaltungsmöglichkeiten in meinen verschiedenen Lebensbereichen?

In Lebensbereich 1 liegt die Chance der Werte-Entfaltung sowohl im gewöhnlichen Alltag durch die täglichen Werte-Balancierungen als auch in Konflikten, in denen immer wieder Konsens gefunden werden muss. Schwierigkeiten durch gestörte Beziehungen, Generationenkonflikte, außergewöhnliche Belastungen etc. können auch Möglichkeiten zur Bildung von neuen Werten und entsprechendem Verhalten sein. Auch Schicksalsschläge können als Entwicklungsmotoren wirken: Geschieht beispielsweise in einer Familie ein folgenschwerer Unfall, sind die Familienmitglieder dadurch vermehrt zu den Werten Mitgefühl, Verantwortungsübernahme, Solidarität herausgefordert – und machen dadurch selbst einen Reifeprozess durch –, und die Werte in der Sozialstruktur der Familie werden differenziert.

In Lebensbereich 2 wird die Werte-Entwicklung durch die Zusammensetzung der Individuen, die sozialen Rollen (z. B. Autoritäten) und die Art der sozialen Interaktionen gefördert. Wenn bei größeren Meinungsverschiedenheiten Lösungsalternativen, Kompromisse und Konsens gefunden werden müssen, werden die einzelnen

Individuen angeregt, ihre eigenen Werte zu überbedenken und entsprechend zu handeln. Dies kann sie zur Selbstentfaltung anregen – und damit auch die Interaktionsstrukturen dieses Lebensbereiches verändern.

In Lebensbereich 3: In diesem Bereich wird unsere Anpassung am stärksten gefordert und sind unsere Einflussmöglichkeiten am stärksten eingeschränkt. Immer wieder sind wir aufgefordert, uns mit Themen auseinanderzusetzen und unsere Werte und Meinungen zu bilden zu Themen, die uns (noch) nicht betreffen. In westlichen Demokratien können wir uns dank Stimm- und Wahlrecht direkt beteiligen und so die Geschicke unseres Staates beeinflussen. Auch Krieg und plötzlich auftretende Epidemien in anderen Ländern beeinflussen uns und unsere Werte stärker, als wir gemeinhin annehmen. Die Klimakrise verdeutlicht noch einmal, dass wir alle auf derselben Erde leben. All diese Lebensbedingungen fordern uns heraus – und fördern die Entfaltung unserer Werte.

Durch den Wechsel der Lebensbereiche sind wir ständig im „Training" der Anpassung unserer Werte und des darauf basierenden Verhaltens, z. B. gelten unterschiedliche Werte in der Arbeitswelt oder im Kegelclub. Weichen die Werte der Teilnehmer*innen in den verschiedenen Lebensbereichen zu stark voneinander ab, kann dies zu Auseinandersetzungen und evtl. Ausschluss aus der Gruppe führen. Durch Konfliktlöseprozesse kann evtl. Konsens gefunden werden. Diese Prozesse führen i. d. R. sowohl bei den Beteiligten als auch bei der sozialen Gruppe zu Wachstum, d. h. differenzierterer Wahrnehmung und Bewusstsein.

In allen Lebensbereichen und Situationen kann uns der innere Coach unterstützen, uns fördern, unsere selbst bestimmten Erwachsenen-Werte zu leben. Ein Blick auf das WERTE-Interaktionmodell und ein wiederholt bewusst durchgeführter Werte-Check zeigen, ob unsere Handlungen noch auf unseren Werten beruhen. Diese wiederholte, bewusste Überprüfung kann gleichzeitig eine Prävention sein, sich in einer abstrusen Ideologie zu verrennen und dadurch gegen humane Werte zu verstoßen.

> „Was wir heute tun, entscheidet darüber, wie die Welt morgen aussieht."
>
> (Marie von Ebner-Eschenbach)

Wie in Abschnitt 5.4.1 aufgezeigt, können sich **Werte in der Gesellschaft wandeln** – unbemerkt, aber auch in einen Umbruch oder gar in eine Krise geraten. Gibt es in diesen Fällen auch Chancen zur Entwicklung?

Der gewöhnliche **Wertewandel** führt zu einer Differenzierung eines Wertes oder eventuell mehrerer eigener Werte. Die Impulse zur Modifizierung von Werten können die einzelnen Individuen als auch soziale Gruppen akzeptieren, ablehnen oder via WERTE-Schieberegler anpassen.

Bei einem **Werteumbruch**, der eine Werteveränderung in mehreren Bereichen gleichzeitig umfasst, ist Ignorieren kaum mehr möglich. Alle Menschen müssen sich damit auseinandersetzen – und das bedeutet (erzwungenes) Wachstum oder „Ausklinken“ aus Aspekten der Gesellschaft. Ein solcher Werteumbruch kann daher als Chance wahrgenommen werden, aber auch als Problem – sowohl von Einzelnen als auch von sozialen Gruppen mit den entsprechenden Reaktionen von Ablehnen, Akzeptieren oder sich damit auseinandersetzen. Werteumbrüche können wir meistern, indem wir unsere vorhandenen Werte differenzieren und einige neue Werte in unser Weltbild „einbauen“.

Die Wertekrise erfordert neue Lösungsstrategien und neue Werte. Sie ist – so schwierig sie auch ist – ein großer Entwicklungsmotor. Allerdings muss eine „Umwertung der Werte“ sehr kritisch beobachtet werden, damit aus Werten nicht Unwerte entstehen. Betroffen sind dabei alle, indem wir aus der Komfortzone hinauskatapultiert werden. Das entstandene Werte-Chaos muss neu strukturiert werden, damit eine neue (wie immer auch vorübergehende) Balance erreicht wird. Gemäß Albert Einstein kann man Probleme nicht mit derselben Denkweise lösen, durch die sie entstanden sind. Das bedeutet, dass uns Probleme zu neuen Problemlösestrategien herausfordern – und diese könnten zu einer neuen Bewusstseinsebene führen (vgl. Abschnitt 7.3).

Beispielsweise ist die gegenwärtige Wertekrise durch das Info-Chaos und Manipulation, durch Populismus und Verschwörungstheorien entstanden, die nun die Wertebildung bei Individuen und in Gruppen massiv stören oder gar verhindern. Dieses Werte-Chaos hat aber auch viele Menschen herausgefordert, sich mit ihren Werten zu befassen und diese auch zu leben.

Erkenntnis: Werte sind *wert*voll, können aber auch in Gefahr sein und müssen daher geschützt, gepflegt und gelebt werden – und zwar von uns allen!

Und die schweigende Mehrheit? Menschen, denen Werte bisher egal waren, die im Autopilot-Modus ihr Leben verbringen und sämtliche Ungerechtigkeiten übersehen, weil ihnen nur das eigene Wohlergehen wichtig ist? Diese schweigende Mehrheit, diese Gruppe der Gleichgültigen gilt es zu mobilisieren. Ihnen aufzuzeigen, wie sie selbst und die sozialen Gruppen, in denen sie verkehren, ein wertorientiertes und damit wertvolleres Leben leben können. Um *wert*volles Verhalten zu verbreiten, reicht eine sogenannte kritische Masse (Schwellenwert), um bestehendes Verhalten zu verändern.

> „Es gibt keinen Zweifel, dass eine kleine Gruppe besonnener, entschlossener Bürger die Welt verändern kann. Wenn man es genau nimmt, ist dies überhaupt der einzige Faktor, der je eine Änderung der Welt bewirkt hat.“
>
> (Margaret Mead)

7.3 Ausblick auf das große Ganze

Blicken wir über das WERTE-Interaktionsmodell hinaus auf „das große Ganze": auf die Evolution der Menschheit in Bezug auf die Werte- und Bewusstseinsentwicklung. Dazu präsentiert der Psychologe Clare W. Graves ein Werte-Metamodell. Dieses Modell integriert über die Maslow-Pyramide hinaus weitere biologische, psychologische, soziologische, politische und ökonomische Faktoren. Es wird gleichsam zu einem kulturellen „Programm", das verschiedene Wertesysteme und Weltsichten aufzeigt. Das Modell zeigt sowohl die Entfaltung der individuellen Persönlichkeit als auch die Evolution von Kulturen aufgrund der Entwicklung verschiedener Werte-Ebenen. Zusammen mit Don Beck entstanden aus diesem Graves-Modell die sogenannten Spiral Dynamics, die in einer vielfarbigen Spirale dargestellte Abfolge der Werte-Systeme. Seit den Urmenschen vor 100.000 Jahren werden acht Bewusstseinsebenen gezählt – mit offenem, evolutionärem Ausgang (eine neunte wird skizziert).

Charakteristika von Graves Wertesystemen (Spiral Dynamics)

Inhalt: Entwicklung von Werten, Wertsystemen einzelner Individuen, sozialer Gruppen und sozialer Ordnungen. Es handelt sich um einen permanenten und unendlichen Entwicklungsprozess (Werte-Evolution). In diesem Sinn kann das Graves-Modell unseren Blick auf das „große Ganze" weiten und aufzeigen, wie wir darin integriert sind.

Entstehung: Durch Probleme, die mit den bisherigen Lösungsstrategien nicht mehr bewältigt werden können, muss ein Mensch oder eine ganze Kultur neue Denk- und Handlungsstrukturen entwickeln. Dieser Prozess führt zu einer neuen Entwicklungsstufe sowohl des Individuums als auch der Gesellschaft als Ganzes. Jede Stufe dauert eine gewisse Zeit und wird durch eine neue abgelöst, die den wiederum komplexeren Anforderungen besser entspricht.

Aufbau: Die Wertesysteme bauen aufeinander auf, d. h., wir schließen die vorhergehenden Wertestufen mit ein. Das hat zur Folge, dass wir aus allen früheren Entwicklungsstufen noch Spuren in uns tragen: via Grundprogrammierung unseres einstigen „Navis" (Meme). Von Stufe zu Stufe wird unser Denk- und Handlungsrepertoire erweitert.

Flexibilität im Wertesystem: Menschen haben oft einen Schwerpunkt in einem der Wertesysteme, doch im Alltag wechseln sie zwischen unterschiedlichen Wertesystemen hin und her, um sich jeweils an unterschiedliche Lebensumstände anzupassen. So können beispielsweise bei der Arbeit andere Werte und Wertesysteme gefordert sein als im privaten Bereich.

Gleichwertigkeit: Jedes Wertesystem ist wichtig und hat seinen eigenen Wert und jedes hat gesunde und ungesunde Anteile. Es wird immer wieder darauf hingewiesen, dass ein Wertesystem nicht von Natur aus besser sei als ein anderes. Allerdings kann ein Wertesystem für ein bestimmtes Leben passender sein als andere.

Darstellung: als Spirale, die mit unterschiedlichen Farben die verschiedenen Wertesysteme ausweist. Die zunehmende Komplexität der Wertesysteme zeigt sich durch die größer werdenden Spiralabschnitte; die Farben haben keine spezifische Bedeutung.

Virtuelle Reise durch die Werte-Evolution der Menschheit

Machen wir zum Schluss nochmals eine virtuelle Reise – diesmal nicht in die eigene Werte-Vergangenheit, sondern durch die Werte-Evolution der Menschheit nach dem Graves-Modell. Auf dieser Reise können wir erkennen, wie Wertesysteme verschiedener Kulturen und Epochen sich über lange Zeit aufgrund veränderter Lebensbedingungen entwickelt und verändert haben. Die folgenden Stichworte zeigen auch, was an Weltbildern und Werten heute noch in uns weiterlebt.

Fragen wir uns also: Wo lebt noch der Höhlenbewohner in mir mit seinem instinktiven Überlebenswillen (beige)? Inwiefern will ich „Ahnengeister" besänftigen durch Rituale (purpur)? Inwiefern habe ich ein „grünes" Weltbild, das hier für humanistische Werte steht? In welchem Wertesystem bin ich heute mehrheitlich „zu Hause", im türkisen oder „auf der Suche" im korallefarbenen?

Werte-Evolution (Graves Wertesysteme)

Beige: „instinktiver Überlebenswille", automatisch-reflexiv
Einst: Vor 100.000 Jahren war das Überleben zentral für die Menschen. Sie schafften dies durch Symbiose mit der Natur, unterstützt von ihren Instinkten und durch Schutz in ihrer Horde. Dazu mussten sie ihre Sinne und Instinkte entwickeln und sich sozial anpassen.
Heute: Kleinkinder, Hungernde, Traumatisierte … – Bei ihnen ist der Überlebenswille aus der Notwendigkeit heraus besonders stark vorherrschend. Das „Zurückgreifen" auf diese Werte ist auch angesichts schwerer Krankheiten, Epidemien, Kriege und Schicksalsschläge möglich.
Merkmale: Befriedigung der elementaren Grundbedürfnisse, Überlebenskampf steht im Vordergrund.
Weltbild: Die Welt bietet das Notwendige – ist aber gefährlich.
Einzelwerte: Befriedigung der Grundbedürfnisse: Nahrung, Schutz, Sicherheit

Purpur: „Ahnengeister", animistisch, stammesorientiert
Einst: Vor 50.000 Jahren entwickelten sich Clans zu Gruppen, in denen die Anführer durch Riten und Rituale regierten. Schamanen und Stammeschefs waren Wegweiser. Sicherheit und Schutz vor bedrohlichen Naturgewalten fand man im Clan und durch Opfer für Ahnengeister (z. B. amerikanische Ureinwohner, australische Aborigines).
Heute: In Entwicklungsländern, aber auch in Gangs oder Sportmannschaften ist dieses Prinzip noch anzutreffen. Auch in bestimmten Formen von Familienfesten, Volkstum.
Merkmale: Identifikation mit Kollektiv: Die eigenen Wünsche werden dem Stamm, Häuptling oder den Geistern geopfert. Soziale Rolle wird durch Clan bestimmt.
Weltbild: Die Welt ist ein magischer Ort, lebendig mit Geistwesen und mystischem Zauber.
Einzelwerte: Gehorsam, Sicherheit durch Einhalten von Riten, Ritualen und Tabus

Rot: „mächtige Götter", egozentrisch, ausbeuterisch
Einst: Vor 10.000 Jahren wurden andere Gruppen erobert, um diese zu dominieren.
Heute: Helden-, Mafia-, Cowboy-, Macho-Kultur sind davon noch geprägt. Ebenso das Grenzen-testen-Wollen von Pubertierenden, risikovolle Abenteuer der Adrenalin-Junkies … Das Faustrecht gilt. Hier handelt man eher impulsiv als vorausschauend, ist leicht kränkbar und vergeltungsbereit („Ehrenmorde").
Merkmale: Aggressivität, Egozentrizität, Aktion, Macht, Status, Eroberung, Ausbeutung.
Weltbild: Die Welt ist ein Gefahren-Dschungel, nur die Stärksten und Listigsten überleben.
Einzelwerte: Selbstbehauptung, Durchsetzungsvermögen, Unabhängigkeit

Blau: „Macht der Wahrheit", absolutistisch, moralistisch
Einst: Vor ca. 5.000 Jahren entdeckten die Menschen Stabilität und Ordnung, d. h. übergeordnete Regeln, suchten eindeutige Wahrheit – eine absolutistische, moralistische Existenz.
Heute: Disziplin, Tradition, Regeln, Patriotismus, Totalitarismus, (religiöser) Fundamentalismus – im Dienste eines Ideals oder einer Autorität.
Merkmale: Verhaltenskodex, Stabilität, Ordnung, Konformismus, Glaube: göttliche Autorität spricht durch weltliche Autorität.
Weltbild: Die Welt ist in Ordnung durch die absolute Wahrheit und die ewigen Gesetze.
Einzelwerte: Disziplin, Moral, Selbstaufopferung, Frömmigkeit, Gerechtigkeit, Zuverlässigkeit, Wahrheit, Systemgläubigkeit, Pflichtbewusstsein

Orange: „Erfolgsstreben“, materialistisch, fortschrittsorientiert
Einst: Seit ca. 1700 (Aufklärungsepoche) fand eine Befreiung von der Dominanz der Kirche statt und die Idee, dass Fortschritt und Erfolg durch neue Ordnung möglich sind, setzte sich durch.
Heute: Materialismus, Kapitalismus, Neoliberalismus, Globalisierung. Wettbewerb, Gewinn, Status, Konsumismus, Wachstum; wissenschaftliche und technische Innovationen
Eigenschaften: Erfolgsorientiert, materialistisch, egoistisch. Man glaubt an Hierarchien, Macht, Status, Prestige und Position, Fortschritt, Profit, Wohlstand und Wachstum.
Weltbild: Die Welt ist eine Maschine mit Naturgesetzen und funktioniert wie ein Marktplatz.
Einzelwerte: Unabhängigkeit, Individualität, Wettbewerb, Leistung, Flexibilität

Grün: „menschliche Beziehung“, soziozentrisch, humanistisch
Einst: Seit ca. 1850; Frieden mit sich und der Gemeinschaft steht im Vordergrund. Liberté, Egalité, Fraternité.
Heute: Humanismus, Menschenrechtsfragen, Umweltschutz, Basisdemokratie
Eigenschaften: Wiederentdeckung der grundlegenden menschlichen Werte. Gleichberechtigung, Sozialleistungen und humanitäre Programme, soziale Netzwerke und Beziehungs-Pflege.
Weltbild: Die Welt ist ein Lebensraum für Menschen, in dem sich alle entfalten dürfen.
Einzelwerte: Authentizität, Selbstverwirklichung, gemeinsames Wachstum, Harmonie, Toleranz, Dialog, Fairness, Gleichberechtigung, Wertschätzung, Kooperation, Menschlichkeit. Frieden für die ganze Menschheit

Gelb: „Flexibilität“, integral
Einst: Seit ca. 1970 wird Chaos und Veränderung als „natürlich“ verstanden. Prozessorientiertes Denken und Handeln führen zur Integration.
Heute: Systemische und multiperspektivische Sichtweisen, Chaostheorie, unterschiedliche Ökosysteme. Nicht mehr die Gruppe, sondern das Netzwerk ist wichtig (für schnelle Information).
Eigenschaften: Freiheit, Experimentierfreude, Kreativität, Innovation, Unverbindlichkeit, Komplexitätsbewältigung, Multiperspektivität, Scheitern ist nicht länger ein Problem, sondern eine Erkenntnisquelle.
Weltsicht: Die Welt ist chaotisch und voller Rätsel, die es zu entdecken gilt.
Einzelwerte: Flexibilität, Spontaneität, Funktionalität, Kompetenz, Verknüpfung von Freiheit mit Verantwortung, Ökologie, Wissen, Wertschätzung

Türkis: „ganzheitliche Sicht“, holistisch
Einst: Seit ca. 1990 betrachtet sich das Individuum sowohl als eigenständig als auch als Teil eines größeren Ganzen (transpersonale, holistische Sichtweise). Synthese von kollektivem Individualismus, universelle Ordnung und kosmische Spiritualität.
Heute: Diese Ebene ist noch nicht voll ausgeprägt, da noch nicht genügend Menschen sich dieses Codes bewusst sind und entsprechend handeln. Es zeichnet sich ab, dass Wertediskurse wichtiger werden und dass Probleme ganzheitlicher angegangen werden (müssen), z. B. globale Anliegen werden zunehmend wichtiger als nationale Interessen.
Eigenschaften: Ganzheitlichkeit, Verbundenheit, kollektive Verantwortung
Weltsicht: Die Welt ist komplex, dynamisch und bietet vielfältige Synergien – seinen individuellen Platz darin zu finden ist eine große Herausforderung.
Einzelwerte: Verbindlichkeit, Verantwortlichkeit, Spiritualität.

Koralle: „Integrale Existenz“
Diese Ebene taucht erst langsam auf und baut auf der vorhergehenden Ebene Türkis auf. Sie wird in der Literatur bereits genannt, ist aber inhaltlich noch nicht klar definiert. Dieser Code wird vermutlich spirituelle und wieder vermehrt individuelle Züge tragen – der / die Einzelne als Teil des großen Ganzen. Wie dieser Quantensprung aussehen wird, lässt sich jetzt noch nicht sagen, da nicht nur innere Entwicklungen (menschliches Bewusstsein) Einfluss nehmen, sondern auch externe (Fortschritte in Wissenschaft und Technik) sowie die Balance zwischen Individuen und Kollektiven.

> „Im Universum und in allen Reichen der Schöpfung ist alles Schwingung.
> Nur die Verschiedenheit der Frequenzen hindert uns daran,
> die Wirklichkeiten, die wir unsichtbar nennen, wahrzunehmen.“
>
> (Amadou Hampâté Bâ)

Clare Graves beschreibt sein Modell folgendermaßen:

> „In jeder Stufe der menschlichen Existenz ist der erwachsene Mensch auf der Suche nach dem heiligen Gral, der Art, wie er zu leben wünscht. Auf der ersten Stufe (Beige) sucht er nach automatischer körperlicher Befriedigung. Auf der zweiten Stufe (Purpur) sucht er eine sichere Art zu leben, und dies ist gefolgt, als nächstes (Rot), von der Suche nach Heldentum, Macht und Ruhm, einer Suche nach höchstem Frieden (Blau), einer Suche nach materieller Zufriedenheit (Orange), einer Suche nach liebevollen Beziehungen (Grün), einer Suche nach Selbstachtung (Gelb) und einer Suche nach Frieden in einer unverständlichen Welt (Türkis). Und wenn er merkt, dass er diesen Frieden nicht findet, wird er sich auf die Suche der neunten Stufe (Koralle) machen.“
>
> (Quelle: ↗ http://www.clarewgraves.com; Klammerbemerkungen E. B.)

Vielleicht sind die Krisen, in denen wir gegenwärtig stecken, Geburtswehen für die neue Bewusstseinsebene … Abbildung 7.2 zeigt das Modell der Spiral Dynamics und am „Kopfende" das WERTE-Interaktionsmodell: Durch das tägliche Balancieren von Werten stricken wir an dieser Evolutionsspirale weiter. Wir sind Teil (wenn auch nur ein winziger) der Evolution.

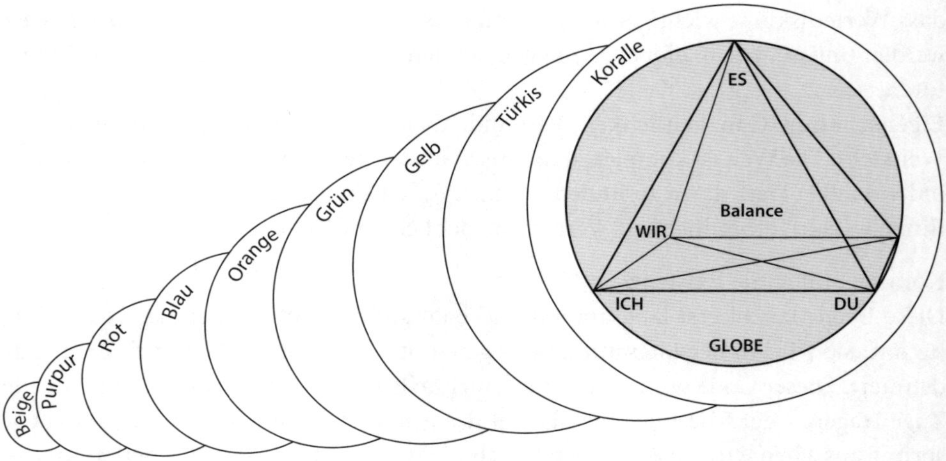

Abbildung 7.2: Evolution von Werte-Sinn-Bewusstsein von Individuen, Gesellschaften und Kulturen

* * *

Lasse ich mich
durch dieses Modell
zu meinem ganz persönlichen
Werte-Quantensprung
inspirieren?

* * *

Schlusswort und Dank

Ich hoffe, Sie liebe Leserin, lieber Leser, sind durch die Impulse und Reflexionsfragen angeregt worden, Ihre eigenen Werte bewusster – und wertschätzender – wahrzunehmen.

Werte zu *haben* und Werte zu *leben* ist für uns alle wichtig, stärkt dies doch den Selbstwert und verleiht unserem Leben Sinn. Aber nicht nur für uns selbst, sondern auch für soziale Gruppen und Gesellschaften wirken sich gelebte Werte bereichernd aus. Wir alle haben Teil am sozialen Klima und am GLOBE. Ein achtsamer, bewusster Umgang mit unseren Werten zählt sich daher für alle aus.

Durch die Auseinandersetzung mit Werten ergab sich bei mir nicht nur die im Vorwort erwähnte erfreuliche „Nebenwirkung", besserer Laune zu sein, sondern ich entdeckte viele Menschen, die bewusst und intensiv an positiven Werten „arbeiten", d.h. diese vertreten, diskutieren und auch aktiv leben. All diesen Menschen und Diskussionsgruppen möchte ich herzlich danken und sie ermuntern, „dranzubleiben", denn in Interaktionen von ICH–DU–WIR–IHR–GLOBE brauchen wir gelebte Werte.

An dieser Stelle möchte ich auch meinen Klient*innen danken, von denen ich immer wieder als Coach lernen darf – denn in einem Coaching sind Werte ebenfalls zentral.

Inspiriert haben mich auch einige Bücher anderer Autor*innen (vgl. dazu auch das Literaturverzeichnis), denen ich hier ebenfalls danken möchte.

Ein herzlicher Dank geht an Esther Killias, die mit zeichnerischem Talent und Inspiration meine Ideen umgesetzt hat und mit ihren Zeichnungen jeweils in die Kapitel einführt.

Ein spezieller Dank geht zudem an die folgenden Personen, die sich intensiv – z.T. mehrmals – mit den vorliegenden Gedanken befasst haben und mir konstruktive und wertvolle Feedbacks zukommen ließen: Johann Binder, Nora Binder, Heidi König, Agnes Hugi – jede Person aus der jeweiligen beruflichen Perspektive und aufgrund ihrer persönlichen Erfahrung.

Dass das Buch *Was für mich zählt: Lebensorientierung durch Werte* veröffentlicht werden konnte, ist dem Junfermann Verlag zu verdanken. Für das verständnisvolle und unterstützende Lektorat bedanke ich mich herzlich bei Frau Arnold.

Glossar

Achtsamkeit Der Begriff Achtsamkeit wird manchmal als Synonym für Aufmerksamkeit verwendet, wobei Achtsamkeit als vertiefte und umfassendere Aufmerksamkeit beschrieben werden kann. Es handelt sich dabei um einen klaren Bewusstseinszustand, der es erlaubt, innere und äußere Erfahrungen im aktuellen Moment vorurteilsfrei wahrzunehmen, zu akzeptieren und zuzulassen. Achtsamkeit als *die* vertiefte Wahrnehmung ist eine der wichtigsten Voraussetzungen sowohl für die Alltagsbewältigung als auch für Werte- und Bewusstseinsentfaltung. Bekannt geworden ist der Begriff v. a. durch Jon Kabat-Zinn, der das Programm MBSR (Mindfulness-Based Stress Reduction, d. h. Stressbewältigung durch Achtsamkeit) ins Leben gerufen hat. Mittlerweile existieren unzählige Kurse, um Achtsamkeit zu trainieren.

Bedürfnis Unter Bedürfnis versteht man in der Alltagssprache ein Verlangen nach etwas Notwendigem oder Gewünschtem (vgl. auch → Motiv, → Motivation).

Coach / Coaching Der Begriff Coach wurde zuerst im Sport im Sinne von „jemanden trainieren, motivieren, begleiten" verwendet. Später wurde er v. a. für die psychologische Beratung von Führungskräften gebraucht. Mittlerweile wird Coaching aber auch zur Unterstützung privater und beruflicher Ziele eingesetzt. Beispiele für Coachinganliegen:

- Unterstützung in Konflikten, Krisen und angesichts von Schicksalsschlägen
- Hilfe bei der Lösung von Blockaden und Problemen
- Anregungen zur Selbstreflexion und Perspektivenwechsel
- Hilfe bei Orientierungslosigkeit, Zukunftsängsten und Sinnkrisen
- Stärkung von Sicherheit und Selbstvertrauen
- Hilfe bei der Ressourcenaktivierung
- Etc.

Determinismus (keine Willensfreiheit) Alles wird als vorherbestimmt – determiniert – betrachtet, einst von Gott, heute eher durch frühere Ereignisse und Entscheide. Deterministen behaupten, unter den exakt selben Bedingungen müssten zwingend auch dieselben Handlungen erfolgen, d. h., der Mensch handele wie ein Roboter und könne daher nicht verantwortlich sein für sein Tun. Kritik: Die exakt selben Bedingungen lassen sich kaum wiederholen. Zudem ist diese Haltung fatal: Jeder Verbrecher könnte die Verantwortung für seine Taten auf seine Gene, seine Erziehung oder die Gesellschaft abwälzen (vgl. auch → Freier Wille, → Willensfreiheit, bedingte und unbedingte).

Einstellungen Werte sind abstrakt und allgemein. Einstellungen basieren auf Werten und konkretisieren sich in verschiedenen Situationen. Beispielsweise zeigt sich der Wert Freundlichkeit als Einstellung in diversen Kontexten unterschiedlich (vgl. auch → Werte, → Tugend, → Würde).

Ethik Ethik (auch als Moralphilosophie bezeichnet) ist ein Teilbereich der Philosophie, der sich mit der Bewertung moralischen Handelns befasst. Sie beschäftigt sich mit dem Reflektieren der Grundsätze der Moral (vgl. auch → Moral, → Gesinnungsethik, → Verantwortungsethik).

Fundamentalismus Fundamentalismus ist durch kompromissloses Festhalten an ideologischen Grundsätzen (→ Ideologie) gekennzeichnet: Nur diese eine Wertordnung ist richtig und erhebt Anspruch auf *die* Wahrheit. Fundamentalisten vertreten die eigene Weltanschauung rücksichtslos: Ohne jegliche Reflexion wird Kritik ignoriert und Andersdenkende werden verfolgt bis hin zum Mord (vgl. auch → Menschenbild, → Weltbild).

Gene Gene sind die Erbinformationen in Lebewesen, die zur Bildung aller biologischen Zellen führen und durch Reproduktion an die nächste Generation weitervererbt werden (vgl. auch → Meme).

Gesetze Gesamtheit der von einem Staat festgelegten Normen für menschliches Verhalten. Gesetze sind verbindlicher als Normen, denn sie werden bei Nichteinhaltung juristisch sanktioniert (Bußgeld, Gefängnis). Auch sie beruhen auf Werten (z. B. Respekt vor dem Eigentum anderer) (vgl. auch → Normen, → Werte).

Gesinnungsethik Die Unterscheidung von → Verantwortungs- und Gesinnungsethik geht auf Max Weber (1919) zurück. Er meinte, dass ethisch orientiertes Handeln entweder der Verantwortung oder der Gesinnung unterliegt. Gesinnungsethik bedeutet Handeln aufgrund (eigener) moralischer Maßstäbe ohne Blick auf die Folgen, d. h., eine Handlung ist dann gut, wenn sie auf der richtigen Gesinnung basiert (Weber, 2014). Gesinnungsethiker*innen tragen bei einer Handlung keine Verantwortung, da sie sich auf gegebene Richtlinien berufen. Problem: Welches aber ist die „richtige" Gesinnung? (vgl. auch → Ethik, → Moral).

Gewissen Es existieren unterschiedliche Definitionen: Gemäß Sokrates warnt eine innere Stimme vor falschen Handlungen. In der katholischen Theologie ist das Gewissen die Stimme Gottes, in der protestantischen eine Stimme aufgrund eigener Gewissensentscheidung. Nach Sigmund Freud ist das Gewissen identisch mit dem Über-Ich, welches aus der Verinnerlichung der elterlichen und gesellschaftlichen Autorität entstand. Heute wird Gewissen auch verstanden als Diskrepanz zwischen inneren Werten und dem Verhalten, zwischen Sollen und Sein.

Goldene Regel „Was du nicht willst, das man dir tu‘, das füg‘ auch keinem andern zu!“ Dies ist eine egoistisch-utilitaristische Haltung (z. B. „Ich lüge nicht, weil ich auch nicht belogen werden will.“) Und trotzdem: Die Goldene Regel macht das soziale Miteinander in mehr oder weniger großen Gruppen oft erst möglich (vgl. auch → kategorischer Imperativ).

Ideologie Ideologie (frz. Ideenlehre) ist die Gesamtheit der Ideen und Vorstellungen, die in eine Theorie münden als Basis für das Handeln. Sie basieren auf bestimmten Wertsystemen und Interessen und sind oft wenig flexibel. Ideologien finden sich beispielsweise in Religionen und Politik (vgl. auch → Menschenbild, → Weltbild, → Fundamentalismus).

Inspiration Inspiration ist eine Eingebung, z. B. ein unerwarteter Einfall oder eine Information von außen. Meist im Zusammenhang mit Werken von Künstlern oder als religiöse / spirituelle Eingebungen des Übersinnlichen gebraucht (vgl. auch → Intuition).

Intuition Intuition ist die Fähigkeit, plötzliche Einsichten, Erkenntnisse oder Entscheidungen zu erlangen, ohne bewussten Gebrauch von Kognition oder Emotion, aufgrund gespeicherter Erfahrungen (aus sich heraus). Umgangssprachlich auch „Bauchgefühl“ (vgl. auch → Inspiration).

Kategorischer Imperativ (Kant) „Handle nur nach derjenigen Maxime, durch die du zugleich wollen kannst, dass sie ein allgemeines Gesetz werde.“ Dieser Satz ist die Grundlage der Ethik Immanuel Kants. Er meint damit die absolute moralische Handlung aufgrund der freien und bewussten Entscheidung – auch wenn sie negative Folgen haben kann (vgl. auch → Goldene Regel).

Kognitive Dissonanz bezeichnet einen als unangenehm empfundenen Gefühlszustand, der durch innere Konflikte (Wahrnehmungen, Gedanken, Absichten) entsteht.

Meme Meme sind das kulturelle Pendant zu unseren biologischen → Genen. Mem bezeichnet einen einzelnen Bewusstseinsinhalt, zum Beispiel einen Gedanken als Element einer Kultur, das durch Bildung und Erziehung von Mensch zu Mensch weitergegeben wird.

Menschenbild Das Menschenbild ist die Vorstellung über *die* Menschen im Allgemeinen: Entwicklung, Beziehungen, Normen und Werte, Lebensgestaltung etc. Jeder Mensch entwickelt sein eigenes Menschenbild aufgrund seiner Erfahrungen, sozialen Beziehungen, der erlebten Einflüsse von Arbeit und Beruf, Umwelt, Kultur, Religion, Politik etc. Daher ist das Menschenbild eine ganz persönliche Angelegenheit: Es gibt kein richtiges oder falsches Menschenbild. Das eigene Menschenbild gilt häufig als so selbstverständlich, dass es kaum infrage gestellt oder mit anderen Sichtweisen verglichen wird. Nicht nur im privaten Bereich, auch im sozialen Bereich wird von Menschenbildern gesprochen. Im sozialen Kontext sind es v. a. soziale Institutionen wie Krankenhäuser, Heime, Schulen etc., die explizit auf ihr Menschenbild hinweisen. In betrieblichem Kontext wird eher von „Leitbild" gesprochen, womit ebenfalls das Wertesystem gemeint ist und auf das die Mitarbeitenden verpflichtet werden (vgl. auch → Weltbild, → Ideologie, → Fundamentalismus).

Moral Moral umfasst die grundlegenden Überzeugungen von Normen, Werten und Sitten, die sich historisch und gesellschaftlich entwickelt haben und von den Menschen einer Gesellschaft eingefordert werden (z. B. Du sollst nicht töten, nicht lügen etc.) (vgl. auch → Ethik).

Motiv Ein Motiv strebt nach einem bestimmten wertvollen Zielzustand. Ein Motiv ist daher eine Handlungsbereitschaft einer bestimmten Person (vgl. auch → Motivation, → Bedürfnis).

Motivation Motivation ist ein aktueller Prozess, der in einer bestimmten Situation durch ein → Motiv ausgelöst wird. Man kann nicht immer eindeutig von einem Verhalten auf das dahinter liegende Motiv schließen, denn es gibt viele alternative Umsetzungsmöglichkeiten für dasselbe Motiv. Auch können für dieselben Handlungen verschiedene Motive vorliegen (vgl. auch → Bedürfnis).

Normen Normen sind Verhaltensvorschriften, die bei Zuwiderhandlung sanktioniert werden (Verachtung, Tadel oder Ausgrenzung). Eine soziale Gesellschaft funktioniert nur dank Normen (Handlungsregeln), die alle Mitglieder einhalten (vgl. auch → Gesetze, → Werte).

Personalisation Unter Personalisation wird die Entfaltung der Anlagen und damit die Ausbildung der individuellen Persönlichkeit verstanden. Während in der Kindheit die Personalisation stark auf der körperlichen und psychischen Ebene basiert (Reifung), werden in späteren Jahren vermehrt Faktoren der sozialen Umwelt wichtig. Zur Personalisation gehören auch Autonomie, Selbstbestimmung und Verantwortungsübernahme für das eigene Handeln. Die Persönlichkeitsentwicklung dauert ein Leben lang (vgl. auch → Sozialisation).

Selbststeuerung (Selbstmanagement, Selbstregulation) Da der frühere Begriff Selbsterziehung etwas verstaubt ist, tritt er mit neuem Namen auf: Selbstmanagement, Selbststeuerung, Selbstregulation. Dahinter steckt die Vorstellung, dass die Erziehung durch die Eltern von der Selbsterziehung abgelöst werden sollte. Der Mensch soll sich selber steuern, um sein Leben sinnvoll zu bewältigen. Diese „Lebensbewältigungskompetenz" ist umso wichtiger, je komplexer das Lebensumfeld und die Entscheidungssituationen aufgrund der unzähligen Optionen sind. In der

Psychologie werden die Begriffe Selbstmanagement, Selbststeuerung, Selbstregulation und Selbstführung meist synonym verwendet. Im vorliegenden Buch wird der Begriff Selbststeuerung gebraucht. Er steht für die Kompetenz, seine Aufmerksamkeit, sein Denken, seine Emotionen, Motivationen und Handlungen bewusst zu steuern. Die Selbststeuerungskompetenzen sind bei den Menschen verschieden ausgeprägt.

Selbstwert Der Selbstwert (auch Selbstwertgefühl, Selbstachtung) bezeichnet die Bewertung der eigenen Person (Selbstbild, Selbstkonzept) und ist damit die zentrale Einschätzung der eigenen Person.

Sozialisation Sozialisation ist der Prozess, in dem der Mensch in die ihn umgebende Gesellschaft hineinwächst, d. h. sozial handlungsfähig wird. Ziel der Sozialisation ist, den Menschen zu unterstützen, sich vom unangepassten, egozentrischen Kleinkind zum reifen Erwachsenen zu entwickeln, der die Normen und Regeln der Gesellschaft übernimmt und Verantwortung und Gestaltungsbereitschaft für diese Gesellschaft zeigt. Dieser Prozess findet wechselseitig statt: Der Mensch wird geprägt von seiner Gesellschaft – und prägt diese seinerseits auch. Sozialisation ist ein lebenslanger Prozess (vgl. auch → Personalisation).

Stereotyp Ein Stereotyp ist eine Vereinfachung von komplexen Eigenschaften oder Verhaltensweisen von Personen(-gruppen). Diese Vereinfachungen verallgemeinern ein bestimmtes Merkmal (Alter, Geschlecht, Hautfarbe etc.) (vgl. auch → Vorurteil).

Spiritualität Spiritualität ist die Vorstellung einer geistigen Verbindung mit einer höheren Wirklichkeit, dem Transzendenten, und die sich daraus ergebende Lebenshaltung (vgl. auch → Transzendenz).

Themenzentrierte Interaktion (TZI) wurde von Ruth Cohn (ehemalige Psychoanalytikerin, später eine der einflussreichsten Vertreterinnen der humanistischen Psychologie) als Konzept für lebendiges Lernen geschaffen. Das Dreieck im Kreis verdeutlicht, dass jede Gruppe von vier Faktoren bestimmt ist: der Person (Ich), der Gruppeninteraktion (Wir), der Aufgabe (Es) und dem Umfeld (Globe). Diese vier Faktoren müssen integriert und balanciert werden. Das TZI-Dreieck ist beliebt in Lern- und Gruppenprozessen v. a. in der Erwachsenenbildung (Quelle: ↗ https://www.ruth-cohn-institute.org/ruth-cohn.html).

Transaktionsanalyse Die Transaktionsanalyse (TA) ist eine psychologische Theorie der menschlichen Persönlichkeit und Entwicklung sowie der sozialen Interaktion. Zudem ist sie eine Methode in der klinischen Psychotherapie.

Transzendenz Transzendenz bezeichnet das Unbegreifliche, das jenseits der menschlichen Wahrnehmung und Erfahrung liegt, das, was unseren bewussten Verstand und die Sinneserfahrungen überschreitet: Unendlichkeit, Gott(-heit), Großer Geist, absolutes Bewusstsein, Universum etc. (vgl. auch → Spiritualität).

Tugend Der Begriff Tugend bedeutet ursprünglich „Tauglichkeit“ oder „Brauchbarkeit“. Sinn und Zweck aller Tugend-Theorien ist das Streben des Menschen nach einem guten Leben, um in Harmonie mit sich selbst und der Umwelt zu leben. Dabei stellt sich die Frage, was denn „das Gute“ sei. Die Bezeichnungen Tugend und Wert werden oft synonym verwendet, → Werte sind i. d. R. aber konkreter, differenzierter, flexibler und daher vergleichbarer als Tugenden (vgl. auch → Würde, → Einstellungen).

Unwert Der Duden definiert Unwert als Bezeichnung für etwas Wertloses, etwas, das nicht würdig ist, zu existieren (Beispiel: die nationalsozialistische Sicht auf „unwertes Leben“). Er verweist dabei auch auf unmoralisch erscheinende Wertvorstellungen. Dies könnte auch als Antiwert bezeichnet werden, d. h. etwas, das nicht nur wertlos ist, sondern auch noch *gegen* Werte gerichtet ist.

Verantwortungsethik Egal welche Gesinnung(-sethik), wichtig sind die Konsequenzen: Eine Handlung ist dann gut, wenn am Schluss was Gutes resultiert. Verantwortungsethiker*innen tragen die volle Verantwortung für eine Handlung und können sich nicht auf andere berufen. Problem: Man kann nicht wissen, was aus einer Handlung künftig resultiert (vgl. auch → Ethik, → Gesinnungsethik, → Moral).

Vorurteil Ein Vorurteil entsteht, wenn die verallgemeinerten Eindrücke (→ Stereotype) mit (meist) negativen Emotionen besetzt werden. Das Vorurteil beruht auf einer kaum reflektierten Meinung und ist daher ein im Voraus gefälltes Urteil.

Weltbild Das Weltbild (Weltanschauung, Weltsicht) ist eine persönliche Theorie und Interpretation der Welt: Die Vorstellung, wie die Welt ist, was sie „zusammenhält“ und wie sie funktioniert. Ebenso wie das → Menschenbild enthält auch das Weltbild Werte, wird durch äußere Faktoren und persönliche Erlebnisse gebildet und ist modifizierbar (vgl. auch → Ideologie, → Fundamentalismus).

Werte Der Begriff „Wert“ wird von den verschiedenen wissenschaftlichen Disziplinen aus unterschiedlichen Perspektiven betrachtet, daher gibt es keine einheitliche Definition. Ursprünglich stammt der Begriff aus der **Ökonomie** und meint das Gut im Sinne von materiellen Gütern. Ende 19. Jh. wurde die Wertephilosophie begründet, durch die auch *das Gute* (immateriell) zu einem „Wert“ wurde. Beide Kategorien von Werten (materielle und immaterielle) wurden als vom Menschen unabhängig betrachtet. Die **Soziologie** betrachtet Werte v. a. bezogen auf die Gesellschaft. Werte sind Vorstellungen darüber, was eine Gesellschaft für „wünschenswert“ hält im Zusammenleben. Das grundsätzliche Verhalten der Menschen wird durch die Werte „motiviert“. Die **Psychologie** betrachtet Werte vom Individuum her: Wertvorstellungen beziehen sich auf das, was als erstrebenswert, an sich wertvoll oder moralisch gut betrachtet werden kann. Der Wertende schreibt den Objekten ihren Wert aufgrund seiner eigenen Interessen und Bedürfnisse zu. Damit bestehen sie nicht aus sich selbst heraus, sondern erst durch Bewertung. Sie sind Teil der Individualität und motivieren zum Handeln. Ein **Minimalkonsens** zwischen den wissenschaftlichen Disziplinen lautet: Werte bezeichnen erstrebenswerte Eigenschaften und Qualitäten von Menschen, Objekten und Sachverhalten (vgl. auch → Tugend, → Würde, → Einstellungen).

Wertekrise Werte sind keine real existierenden Objekte, sondern Vorstellungen, die aufgrund von Wahrnehmungen oder sozialer Interaktion gebildet werden. Wenn diese Basis für die Wertebildung auf Fehlinformation (Fakes) und Manipulation beruht, wenn Menschen nicht mehr wissen, welcher Information sie trauen können und was „richtig“ oder „falsch“ ist, wird ihre Wertebildung blockiert, was durch soziale Interaktion auch fatale Folgen in den verschiedenen sozialen Bereichen hat (vgl. auch → Werteumbruch, → Wertewandel).

Werteumbruch Wenn ein → Wertewandel sich in mehreren Gebieten gleichzeitig oder in einzelnen besonders stark präsentiert, kann man dies auch als Werteumbruch bezeichnen (vgl. auch → Wertekrise, → Wertewandel).

Wertewandel Änderung von gesellschaftlichen, kulturellen, sozialen, politischen, ökonomischen, wissenschaftlichen und weltanschaulichen Verhältnissen haben einen Wandel der entsprechenden Werte zur Folge. Dieser Wertewandel kann sich fast unmerklich vollziehen *(shifting baselines)*, indem sich die Grenzen langsam verschieben (vgl. auch → Werteumbruch, → Wertekrise).

Wille, freier Unter freiem Willen versteht man die Möglichkeit und Fähigkeit, bei verschieden Optionen eine bewusste Entscheidung zu treffen, d. h., eine Person könnte in einer bestimmten Situation auch anders handeln, wenn sie wollte (vgl. auch → Determinismus, → Willensfreiheit, bedingte, → Willensfreiheit, unbedingte).

Willensfreiheit, bedingte (Handlungsfreiheit) Eine Person handelt aufgrund ihrer persönlichen Motivation und Befindlichkeit. Welche der verschiedenen Motivationen zur Handlung führt, hängt von der Person und der Situation ab. In diesem Fall spricht man auch von Handlungsfreiheit (vgl. auch → Determinismus, → Willensfreiheit, unbedingte).

Willensfreiheit, unbedingte Von unbedingter Willensfreiheit spricht man nur, wenn gar nichts (keine Gene, keine Meme, keine Abhängigkeiten, keine Motivation, kein Interesse etc.) den Willen beeinflusst. Im Extremfall würde eine Entscheidung dem reinen Zufall entsprechen … Aber ob das noch freier Wille wäre? Diese Extremposition ist logischerweise gar nicht möglich (vgl. auch → Determinismus, → Willensfreiheit, bedingte).

Würde Würde ist sprachgeschichtlich verwandt mit dem Begriff Wert. Menschenwürde betrifft einerseits als natürliches Merkmal alle Menschen, unabhängig von Geschlecht, Rasse und Sozialschicht. Andererseits muss der einzelne Mensch seine Würde, seinen Wert, sozial „beweisen", indem er sich an die herrschenden → Werte und Normen anpasst (vgl. auch → Einstellungen, → Tugend).

Literatur

Adler, Eric (2012): *Schlüsselfaktor Sozialkompetenz. Was uns allen fehlt und wie wir noch lernen können.* Berlin: Ullstein.

Anzenbacher, Arno (2002): *Einführung in die Ethik* (2. Auflage). Düsseldorf: Patmos.

Aronson, Elliot, Wilson, Timothy & Akert, Robin (2014): *Sozialpsychologie* (8. Auflage). Hallbergmoos: Pearson.

Baggini, Julian (2014): *Ethik. Die großen Fragen.* Berlin: Springer Spektrum.

Bauer, Joachim (2015): *Selbststeuerung. Die Wiederentdeckung des freien Willens* (6. Auflage). München: Blessing.

Beck, Don Edward, Larsen, Teddy Hebo, Solonin, Sergey, Viljoen, Rica Cornelia & Johns, Thomas Q. (2019): *Spiral Dynamics in der Praxis. Der Mastercode der Menschheit.* Bielefeld: Kamphausen.

Bierhoff, Hans-Werner (2000): *Sozialpsychologie. Ein Lehrbuch* (5. Auflage). Stuttgart: Kohlhammer.

Binder, Erica (2017): *Lebensqualität und Sinn im „Golden Age". Selbstcoaching als Reifungschance mit 55+.* Paderborn: Junfermann.

Bleisch, Barbara & Huppenbauer, Markus (2014): *Ethische Entscheidungsfindung. Ein Handbuch für die Praxis* (2. Auflage). Zürich: Versus.

Borstnar, Nils & Köhrmann, Gesa (2004): *Selbstmanagement mit System. Das Leben proaktiv gestalten.* Kiel: Ludwig.

Böschemeyer, Uwe (2005): *Worauf es im Leben wirklich ankommt. Werte als Wegweiser.* München: Piper.

Degen, Rolf (2007): *Das Ende des Bösen.* München: Piper.

Diggelmann, Oliver (2017): *Kein Funken Reue. Was geht in Menschen vor, die mit einer schweren Schuld konfrontiert werden?* Das Magazin 10/2017.

Enzyklopädie der Wertvorstellungen. Einzusehen unter: ↗ https://www.wertesysteme.de (letzter Aufruf am 25.09.2019).

Ernst, Heiko (2006): *Wie uns der Teufel reitet. Von der Aktualität der 7 Todsünden.* München: Ullstein

Europäische Kommission (2012): *Standard-Eurobarometer 77, Frühjahr 2012, „Die Werte der EU-Bürger".* Online einzusehen unter ↗ https://ec.europa.eu/commfrontoffice/publicopinion/archives/eb/eb77/eb77_value_de.pdf (letzter Aufruf am 05.11.2019).

EuropäischeWerte.Info (o. J.): *Die europäischen Werte.* Einzusehen unter ↗ http://europaeischewerte.info/33.html (letzter Aufruf am 11.11.2019).

Fritsch, Gerlinde Ruth (2012): *Der Gefühls- und Bedürfnisnavigator. Gefühle und Bedürfnisse wahrnehmen.* Paderborn: Junfermann.

Glasl, Friedrich (2015): *Konfliktfähigkeit statt Streitlust oder Konfliktscheu: Die Chance, zu sich selbst und zueinander zu finden* (Geisteswissenschaftliche Vorträge) (4. Auflage). Dornach: Verlag am Goetheanum. Auch einzusehen unter: ↗ https://de.wikipedia.org/wiki/Konflikteskalation_nach_Friedrich_Glasl (letzter Aufruf: 31.10.2019).

Grannemann, Ulrich & Kopp, Susanne (o. J.): *Graves Systeme.* Einzusehen unter: ↗ http://www.graves-systeme.de (letzter Aufruf am 25.09.2019).

Hacke, Axel (2017): Umgangsformen: Anstand. *Die Zeit* Nr. 35/2017, 24. August 2017. Online einzusehen unter: ↗ http://www.zeit.de/2017/35/anstand-gesellschaft-zusammenleben-ruecksicht/komplettansicht (letzter Aufruf am 25.09.2019).

Harris, Russ (2016): *Akzeptanz- und Commitmenttherapie. 56 Bildkarten zum Erarbeiten von Werten und Zielen.* Weinheim: Beltz.

Hawkins, David R. (2018): *Die Ebenen des Bewusstseins. Von der Kraft, die wir ausstrahlen* (9. Auflage). Kirchzarten bei Freiburg: VAK GmbH.

Herrmann, Sebastian (2018): Die Welt ist besser als ihr Ruf. *Der Bund,* 13.3.2018.

Hessel, Stephane (2011a): *Empört Euch!* (3. Auflage). Ullstein: Berlin.

Hessel, Stephane (2011b): *Engagiert Euch!* Ullstein: Berlin.

Heyn, Ingo (o. J.): *Spiral Dynamics – die Entwicklung von Wertesystemen.* Einzusehen unter: ↗ https://www.sein-und-wirken.ch/node/3#top (letzter Aufruf am 25.09.2019).

Huppenbauer, Markus & De Bernardi, Jörg (2003): *Kompetenz Ethik für Wirtschaft, Wissenschaft und Politik. Ein Tool für Argumentation und Entscheidungsfindung.* Zürich: Versus.

Integrales Forum (o. J.): *Spiral Dynamics.* Einzusehen unter https://www.integralesforum.org/medien/integrale-bibliothek/theorie-grundlagen/2809-spiral-dynamics (letzter Aufruf am 25.09.2019).

InterAction Council (1997): *Die Allgemeine Erklärung der Menschenpflichten.* Online einzusehen unter https://www.menschenpflichten.info/kopie-home (letzter Aufruf am 05.11.2019).

Kahl Joachim (2007): Grenzen der Toleranz. Laizistische Orientierung im Kampf der Ideen, Kulturen, Religionen. *Aufklärung und Kritik,* Sonderheft 13/2007.

Köthemann, Dennis (2014) *Macht und Leistung als Werte in Europa. Über gesellschaftliche und individuelle Einflüsse auf Wertprioritäten.* Springer: Wiesbaden.

Lempart, Horst (2016): *Das hab' ich alles schon probiert. Warum wir uns mit Veränderung so schwertun. 7 Chains to Change.* Paderborn: Junfermann.

Loser, Philipp (2016): Kleines Lexikon der Medienkrise. Filterblase, Lügenpresse, Fake-News: Der Vertrauensverlust in die Medien kennt viele Begriffe. Ein Überblick über die gängigsten. Tagesanzeiger, 18.11.2016. Einzusehen unter: ↗ http://www.tagesanzeiger.ch/schweiz/standard/kleines-lexikon-der-krise/story/22396459 (letzter Aufruf am 25.09.2019).

Mary, Michael (2008): *Werte im Schafspelz. Entlarven Sie die Tricks, mit denen wir alle manipuliert werden.* Bergisch Gladbach: Lübbe.

Migge, Björn (2016): *Sinnorientiertes Coaching.* Weinheim: Beltz.

Mingels, Guido (2017): Die Welt in Zahlen. *Magazin* 40/7. Okt. 2017.

Mingels, Guido (2017): *Früher war alles schlechter. Warum es uns trotz Kriegen, Krankheiten und Katastrophen immer besser geht.* München: DVA.

Mohler, Peter & Wohn, Kathrin (2005): Persönliche Wertorientierungen im European Social Survey. *ZUMA-Arbeitsbericht* Nr. 2005/01.

Nelson, Portia (2012): *There's a Hole in My Sidewalk: The Romance of Self-Discovery.* Atria Books.

Online-Lexikon für Psychologie und Pädagogik (o. J.): Stichwort „Selbst". Einzusehen unter: ↗ http://lexikon.stangl.eu/5531/selbst/ (letzter Aufruf am 31.10.2019).

Panza, Christopher & Potthast, Adam (2016): *Ethik für Dummies.* Weinheim: Wiley-VCH.

Park, Nansook, Peterson, Christopher & Seligman, Martin E. P. (2004): Strengths of Character and Well-Being. *Journal of Social and Clinical Psychology:* Vol. 23, No. 5, 603–619.

Peichelt, Jochen (2014): *Rote Karte für den inneren Kritiker. Wie aus dem ewigen Miesmacher ein Verbündeter wird.* München: Kösel.

Precht, Richard David (2010): *Die Kunst, kein Egoist zu sein. Warum wir gerne gut sein wollen und was uns davon abhält.* München: Goldmann.

Reber, Rolf (2008): *Gut so! Kleine Psychologie der Tugend.* München: Becksche Reihe.

Richter, Horst-Eberhard (2010): *Moral in Zeiten der Krise.* Berlin: Suhrkamp.

Rosa, Hartmut (2018): Warum unser Leben immer hektischer wird. *GEO-Wissen,* 61/2018.

Ruth Cohn Institute for TCI – international (o. J.): Einzusehen unter ↗ https://www.ruth-cohn-institute.org/ruth-cohn.html (letzter Aufruf am 06.01.2020).

Scheucher, Gerhard (2017): *Tu es! Die Welt braucht dich.* Klagenfurt: Wieser.

Schmidt-Salomon, Michael (2009): *Jenseits von Gut und Böse. Warum wir ohne Moral die besseren Menschen sind.* München: Pendo.

Seel, Martin (2011): *111 Tugenden, 111 Laster. Eine philosophische Revue.* Frankfurt: Fischer.

Sezgin, Hilal (2017) *Nichtstun ist keine Lösung. Politische Verantwortung in Zeiten des Umbruchs.* Köln: Dumont.

Shalom H. Schwartz, Jan Cieciuch, Michele Vecchione, Eldad Davidov, Ronald Fischer, Constanze Beierlein, Alice Ramos, Markku Verkasalo and Jan-Erik Lönnqvist, Kursad Demirutku and Ozlem Dirilen-Gumus & Mark Konty (2012): Refining the Theory of Basic Individual Values [Abstract]. *Journal of Personality and Social Psychology,* 103 (4), 663–688.

Singer, Kurt (2003): *Zivilcourage wagen. Wie man lernt, sich einzumischen.* München, Basel: Reinhardt.

Singer, Peter (2004): *Wie sollen wir leben? Ethik in einer egoistischen Zeit* (4. Auflage). München: dtv.

Singer, Peter (2016): *Effektiver Altruismus. Anleitung zum ethischen Leben.* Berlin: Suhrkamp.

Sommer, Andreas Urs (2016): *Werte. Warum man sie braucht, obwohl es sie nicht gibt.* Stuttgart: J. B. Metzler.

Storch, Maja (2011): *Das Geheimnis kluger Entscheidungen* (9. Auflage). Piper: München.

Storms, Arpito (o. J.): *Potential you.* Einzusehen unter: ↗ https://potentialyou.com (letzter Aufruf am 25.09.2019).

Universität Zürich (2015): VIA-IS Interpretationshilfe. Einzusehen unter: ↗ https://www.charakterstaerken.org/VIA_Interpretationshilfe.pdf (letzter Aufruf am 24.09.2019).

Vereinte Nationen (1948): *Allgemeine Erklärung der Menschenrechte.* Einzusehen unter ↗ https://www.un.org/depts/german/menschenrechte/aemr.pdf (letzter Aufruf am 25.09.2019).

von Münchhausen, Marco (2002): *So zähmen Sie Ihren inneren Schweinehund! Vom ärgsten Feind zum besten Freund* (5. Auflage). Frankfurt: Campus.

Wagenknecht, Sahra (2016): *Reichtum ohne Gier.* Frankfurt: Campus.

Weber, Max (2014): *Politik als Beruf.* Anaconda Verlag.

Wengenroth, Matthias (2013): *Den inneren Kompass finden. Der achtsame Weg in ein wertebewusstes Leben.* CD. Weinheim: Beltz.

Wirtschaftspsychologie aktuell (2012): Lernen von Shalom Schwartz: Werteverdopplung. *Wirtschaftspsychologie aktuell: Zeitschrift für Personal und Management,* 14. November 2012. Einzusehen unter: ↗ http://www.wirtschaftspsychologie-aktuell.de/lernen/lernen-20121114-shalom-schwartz-werteverdopplung.html (letzter Aufruf am 24.09.2019).

Über die Autorin

Erica Binder hat nach einigen Jahren Tätigkeit als Primarlehrerin Pädagogik, Psychologie und Psychopathologie an der Universität Bern studiert. Danach war sie Dozentin in der Ausbildung von Lehrer*innen und Sozialpädagog*innen sowie als Psychologische Beraterin und Supervisorin tätig. Seit 2005 führt sie eine eigene Coaching-Praxis in Bern für das Privat- und Berufsleben (↗ http://www.binder-coaching.ch).

Über die Illustratorin

Esther Killias hat die Schule für visuelle Kunst CERULEUM in Lausanne besucht und ist freischaffende Kunstmalerin seit 1995. Diverse Ausstellungen in Pully und der Galerie La Schürra in Fribourg. Viele längere Auslandaufenthalte; gegenwärtig ist ihr Atelier in Arles, Frankreich (↗ http://www.estherkillias.ch).

Notizen

Notizen

Männer in ihrem Selbstwert stärken

Tom Falkenstein

Hochsensible Männer

Mit Feingefühl zur eigenen Stärke
Mit einem Vorwort von Elaine Aron

„Weichei“, „Warmduscher“, „Mimose“ – der hochsensible Mann ist mit dem gängigen Rollenklischee konfrontiert und wird schnell als unmännlich abgestempelt.

Immer wieder erleben Psychotherapeuten wie Tom Falkenstein, wie diese besonders tiefsinnigen Klienten unter ihrer angeborenen Temperamenteigenschaft leiden. Sie schämen sich für ihre Empfindsamkeit. In seinem Buch beleuchtet der Autor alle Aspekte der Hochsensibilität aus Sicht des Mannes: Merkmale, Angrenzung zu psychiatrischen Diagnosen – und vor allem: den selbstfürsorglichen Umgang mit der eigenen Sensibilität. Zahlreiche Übungen sowie Interviews mit hochsensiblen Männern, die gut mit ihrer Disposition leben, zeigen auf: Das Ziel ist nicht, weniger sensibel zu sein, sondern seine Stärken schätzen und einsetzen zu lernen.

„Ein wichtiges und nützliches Buch, das Druck wegnimmt und praktische Werkzeuge an die Hand gibt. Danke, Tom Falkenstein!“
– Georg Parlow, Autor von „zart besaitet“

224 Seiten, kart. • € (D) 22,00 • ISBN 978-3-95571-493-2
Auch als E-Book erhältlich.

Tom Falkenstein
ist Psychologischer Psychotherapeut mit Spezialisierung auf Kognitiver Verhaltenstherapie in eigener Praxis in Berlin.

Weitere erfolgreiche Titel:

Die Stärken der Stillen
ISBN 978-3-95571-340-9
Achtsamkeitsübungen
ISBN 978-3-95571-405-5
Vielbegabt, Tausendsassa, Multitalent?
ISBN 978-3-95571-675-2

www.junfermann.de